Contraste insuffisant

NF Z 43-120-14

LE CID.

TRAGI-COMEDIE.

A PARIS,

Chez la Veuue IEAN CAMVSAT,
ET
PIERRE LE PETIT, ruë Sainct Iacques, à la
Toyson d'Or.

M. DC. XXXXIV.

AVEC PRIVILEGE DV ROY.

LE CID

AVEC PRIVILEGE DV ROY.

A
MADAME
DE
COMBALET.

MADAME,

Ce portraict viuant que ie vous offre, represente vn Heros assez recognoissable aux Lauriers dont il est couuert. Sa vie a esté vne suite continuelle de victoires, son corps porté dans son armée a gagné des batailles aprés sa mort, & son nom au bout de six cens ans vient encor de triompher en France. Il y a trouué vne reception trop fauorable pour se repentir d'estre sorty de son pays, & d'auoir appris à parler vne autre langue que la sienne. Ce succez a passé mes plus ambitieuses esperances, & m'a surpris d'abord, mais il a cessé de m'estonner depuis que i'ay veu la satisfaction que vous auez témoignée, quand il a paru deuant vous; alors i'ay osé me promettre de luy tout ce qui en est arriué, & j'ay creu qu'apres les Eloges dont vous l'auez honoré, cet applaudissement vniuersel ne luy pouuoit manquer. Et veritablement, MADAME, on ne peut douter auec raison de ce que vaut vne chose qui a le bon-heur de vous plaire: le jugement que vous en faites est la marque asseurée de son prix; & comme vous donnez toû-jours liberalement aux veritables beautez l'estime qu'elles meritent, les fausses n'ont

jamais le pouuoir de vous esblouyr. Mais
voſtre generoſité ne s'arreſte pas à des
Ioüanges ſteriles pour les ouurages qui
vous agréent, elle prend plaiſir à s'eſten-
dre vtileme ſur ceux qui les produiſent,
& ne dedaignent point d'employer en
leur faueur ce grand credit que voſtre
qualité & vos vertus vous ont acquis.
I'en ay reſſenty des effets qui me ſont
trop aduantageux pour m'en taire, & ie
ne vous dois pas moins de remercimens
pour moy que pour le C I D. C'eſt vne
recognoiſſance qui m'eſt glorieuſe, puis
qu'il m'eſt impoſſible de publier que ie
vous ay de grandes obligations, ſans publier en meſme temps que vous m'auez
aſſez eſtimé pour vouloir que ie vous en
euſſe. Auſſi M A D A M E, ſi ie ſouhaite
quelque durée pour cet heureux effort de
ma plume, ce n'eſt point pour apprendre
mon nom à la poſterité, mais ſeulement
pour laiſſer des marques eternelles de ce
que ie vous dois, & faire lire à ceux qui

naiſtront dans les autres ſiecles la proteſtation que ie fais d'eſtre toute ma vie,

MADAME,

Voſtre tres-humble, tres-obeïſſant & tres-obligé ſeruiteur.
CORNEILLE.

Extraict du Priuilege du Roy.

PAr grace & Priuilege du Roy, il eſt permis à AVGVSTIN
COVRBE', Marchand Libraire à Paris, d'imprimer ou
faire imprimer, & expoſer en vente vn Liure intitulé,
Le Cid, Tragi-Comedie, par Mr. CORNEILLE. Et defenſes
ſont faites à tous Imprimeurs, Libraires & autres, d'imprimer, ny faire imprimer ledit Liure ſans ſa permiſſion, ou de ceux
qui auront droit de luy, & ce pendant le temps de vingt ans, à com-
pter du iour que ledit Liure ſera acheué d'imprimer pour la premiere
fois, à peine aux contreuenans, de quinze cens liures d'amande, con-
fiſcation des exemplaires qui ſe trouueront contrefaits, & de tous
deſpens, dommages & intereſts, ainſi qu'il eſt contenu plus au long
auſdites Lettres de Priuilege. Donné à Paris le vingt-vnieſme Ian-
uier mil ſix cens trente ſept.

Par le Roy en ſon Conſeil,

Signé,   CONRART.

Acheué d'imprimer ce 24 *Mars* 1637.

Les Exemplaires ont eſté fournis, ainſi qu'il eſt porté
parle Priuilege.

Et ledit Courbé a aſſocié auec luy audit Priuilege
François Targa, ſuiuant de Contract paſſé entr'eux
pardeuant les Notaires du Chaſtelet de Paris.

ACTEVRS.

D. FERNAND , premier Roy de Caſtille,
D. VRRAQVE , Infante de Caſtille.
D. DIEGVE, pere de D. Rodrigue.
D. GOMES , Comte de Gormas pere de
  Chimene.
D. RODRIGVE , fils de D. Diegue , &
  Amant de Chimene.
D. SANCHE , Amoureux de Chimene.
D. ARIAS,⎱
D. ALONSE,⎰ Gentils-hommes Caſtillans.
CHIMENE , Maiſtreſſe de D. Rodrigue,
  & de D. Sanche.
LEONOR , Gouuernante de l'Infante.
ELVIRE , ſuiuante de Chimene.
Vn Page de l'Infante.

La Scene eſt à Seuille.

LE CID,

TRAGI-COMEDIE.

ACTE I.

SCENE PREMIERE.

LE COMTE, ELVIRE.

ELVIRE.

NTRE tous ces Amans dont la ieune
    feruuer
  Adore voſtre fille, & brigue ma faueur,
Dom Rodrigue & Dom Sanche à l'enuy font pa-
  reſtre
Le beau feu qu'en leurs cœurs ſes beautez ont fait
  naiſtre,
Ce n'eſt pas que Chimene eſcoute leurs ſoupirs,
Ou d'vn regard propice anime leurs deſirs,

Au contraire pour tous dedans l'indifference
Elle n'oste à pas vn, ny donne d'esperance,
Et sans les voir d'vn œil trop seuere, ou trop doux,
C'est de vostre seul choix qu'elle attend vn espoux.

LE COMTE.

Elle est dans le deuoir, tous deux sont dignes d'elle,
Tous deux formez d'vn sang, noble, vaillât, fidelle,
Ieunes, mais qui font lire aisement dans leurs yeux
L'esclatante vertu de leurs braues ayeux.
Dom Rodrigue sur tout n'a trait en son visage,
Qui d'vn homme de cœur ne soit la haute image,
Et sort d'vne maison si feconde en guerriers,
Qu'ils y prennent naissance au milieu des lauriers.
La valeur de son pere, en son temps sans pareille,
Tant qu'a duré sa force a passé pour merueille,
Ses rides sur son front ont graué ses exploits,
Et nous disent encor ce qu'il fut autrefois :
Ie me promets du fils ce que i'ay veu du pere,
Et ma fille en vn mot peut l'aimer & meplaire.
Va l'en entretenir, mais dans cét entretien
Cache mon sentiment & decouure le sien.
Ie veux qu'à mon retour nous en parlions ensemble :
L'heure à present m'appelle au côseil qui s'assemble,
Le Roy doit à son fils choisir vn Gouuerneur,
Ou plustost m'esleuer à ce haut rang d'honneur ;
Ce que pour luy mon bras chaque iour execute,
Me defend de penser qu'aucun me le dispute.

SCENE II.

CHIMENE, ELVIRE.
ELVIRE seule.

Velle douce nouuelle à ces ieunes Amans!
Et que tout se dispose à leurs contentemens!

CHIMENE.

Et bien, Eluire, enfin, que faut-il que i'espere?
Que dois-ie deuenir, & que t'a dit mon pere?

ELVIRE.
Deux mots dont tous vos sens doiuêt estre charmez,
Il estime Rodrigue autant que vous l'aimez.

CHIMENE.

L'excez de ce bon-heur me met en deffiance,
Puis-je à de tels discours donner quelque croyance?

ELVIRE.

Il passe bien plus outre, il approuue ses feux,
Et vous doit commander de respondre à ses vœux.
Iugez apres cela puis que tantost son pere
Au sortir du Conseil doit proposer l'affaire,
S'il pouuoit auoir lieu de mieux prendre son temps,
Et si tous vos desirs seront bientost contens.

A ij

CHIMENE.

Il semble toutefois que mon ame troublée
Refuse cette ioye, & s'en trouue accablée ;
Vn moment donne au sort des visages diuers,
Et dans ce grãd bon-heur ie crains vn grand reuers.

ELVIRE.

Vous verrez vostre crainte heureusement deceuë.

CHIMENE.

Allons, quoy qu'il en soit, en attendre l'issuë.

SCENE III.

L'INFANTE, LEONOR, Page.

L'INFANTE au Page.

V A-t'en trouuer Chimene, & luy dy de
ma part
Qu'auiourd'huy pour me voir elle attend
vn peu tard ;
Et que mon amitié se plaint de sa paresse.

Le Page s'en-tre.

LEONOR.

Madame, chaque iour mesme desir vous presse,

Et ie vous voy penſiue & triſte chaſque iour
L'informer auec ſoin comme va ſon amour.

L'INFANTE.

I'en dois bien auoir ſoin, ie l'ay preſque forcée
A retenoir les coups dont ſon ame eſt bleſſée,
Elle aime Dom Rodrigue, & le tient de ma main,
Et par moy Dom Rodrigue a vaincu ſon deſdain,
Ainſi de ſes amants ayant formé les chaiſnes,
Ie dois prendre intereſt à la fin de leurs peines.

LEONOR.

Madame toutefois parmy leurs bons ſuccés
On vous voit vn chagrin qui va iuſqu'à l'excés.
Cét amour qui tous deux les comble d'allegreſſe
Faut-il de ce grand cœur la profonde triſteſſe?
Et ce grand intereſt que vous prenez pour eux
Vous rẽd il mal-heureuſe alors qu'ils ſõt heureux?
Mais ie vay trop auant, & deuiens indiſcrete.

L'INFANTE.

Ma triſteſſe redouble à la tenir ſecrete.
Eſcoute, eſcoute enfin comme i'ay combatu,
Et plaignant ma foibleſſe admire ma vertu.
L'amour eſt vn tyran qui n'eſpargne perſonne;
Ce ieune Cheualier, cét amant que ie donne,
Ie l'aime.

LEONOR.

Vous l'aimez!

L'INFANTE.

Mets la main sur mon cœur,
Et voy côme il se trouble au nom de son vainqueur,
Comme il le recognoist.

LEONOR.

Pardonnez-moy, Madame,
Si ie sors du respect pour blasmer cette flamme.
Choisir pour vostre Amant vn simple Cheualier!
Vne grande Princesse à ce point s'oublier!
Et que dira le Roy? que dira la Castille?
Vous souuenez vous bien de qui vous estes fille?

L'INFANTE.

Ouy, ouy, ie m'en souuiens, & i'espandray mon sang
Plustost que de rien faire indigne de mon rang.
Ie te respondrois bien que dans les belles ames
Le seul merite a droit de produire des flames,
Et si ma passion cherchoit à s'excuser,
Mille exemples fameux pourroient l'authoriser:
Mais ie n'ë veux point suiure où ma gloire s'ëgage,
Si i'ay beaucoup d'amour, i'ay bien plus de courage:
Vn noble orgueil m'apprend qu'estant fille du Roy,
Tout autre qu'vn Monarque est indigne de moy.

TRAGI-COMEDIE. 7

Quand ie vis que mon cœur ne se pouuoit défendre,
Moy-mesme ie donnay ce que ie n'osois prendre,
Ie mis au lieu de moy Chimene en ses liens,
Et i'allumay leurs feux pour esteindre les miens.
Ne t'estonne donc plus si mon ame gesnée
Auec impatience attend leur hymenée,
Tu vois que mon repos en depend auiourd'huy:
Si l'Amour vit d'espoir il meurt auecque luy,
C'est vn feu qui s'esteint faute de nourriture,
Et malgré la rigueur de ma triste auanture
Si Chimene à iamais Rodrigue pour mary
Mon esperance est morte, & mon esprit guery.
Ie souffre cependant vn tourment incroyable,
Iusques à cét hymen Rodrigue m'est aimable,
Ie trauaille à le perdre, & le perds à regret,
Et de là prend son cours mon desplaisir secret.
Ie suis au desespoir que l'Amour me contraigne
A pousser des soûpirs pour ce que ie dédaigne,
Ie sens en deux partis mon esprit diuisé,
Si mon courage est haut, mon cœur est embrasé:
Cét hymen m'est fatal, ie le crains, & souhäite,
Ie ne m'en promets rien qu'vne ioye imparfaite,
Ma gloire & mon amour ont tous deux tât d'appas,
Que ie meurs s'il s'acheue, & ne s'acheue pas.

LEONOR.

Madame, apres cela ie n'ay rien à vous dire,
Sinon que de vos maux auec vous ie soûpire:

Ie vous blaſmois tantoſt, ie vous plains à preſent.
Mais puiſque dans vn mal ſi doux & ſi cuiſant
Voſtre vertu combat & ſon charme & ſa force,
En repouſſe l'aſſaut, en reiette l'amorce,
Elle rendra le calme à vos eſprits flottans.
Eſperez donc tout d'elle, & du ſecours du temps,
Eſperez tout du Ciel, il a trop de iuſtice
Pour ſouffrir la vertu ſi long temps au ſupplice.

L'INFANTE.

Ma plus douce eſperance, eſt de perdre l'eſpoir.

LE PAGE.

Par vos commandemens Chimene vous vient voir.

L'INFANTE.

Allez l'entretenir en cette gallerie.

LEONOR.

Voulez-vous demeurer dedans la reſuerie?

L'INFANTE.

Non, ie veux ſeulement, malgré mon deſplaiſir,
Re mettre mon viſage vn peu plus à loiſir,
Ie vous ſuy, iuſte Ciel, d'où i'attends mon remede,
Mets enfin quelque borne au mal qui me poſſede,
Aſſeure mon repos, aſſeure mon honneur,
Dans le bon-heur d'autruy ie cherche mon bon-heur,

Cet

Cet hymenée à trois également importe,
Rends son effet plus prompt, ou mon ame plus forte,
D'vn lien coniugal ioindre ces deux amans
C'est briser tous mes fers, & finir mes tourmens:
Mais ie tarde vn peu trop, allons trouuer Chimene,
Et par son entretien soulager nostre peine.

SCENE IV.

LE COMTE, D. DIEGVE.

LE COMTE.

ENfin vous l'emportez, & la faueur
du Roy
Vous esleue en vn rang qui n'estoit deu
qu'à moy,
Il vous fait Gouuerneur du Prince de Castille.

D. DIEGVE.

Cette marque d'hōneur qu'il met dans ma famille,
Monstre à tous qu'il est iuste, & fait cognoistre assez
Qu'il sçait recompenser les seruices passez.

LE COMTE.

Pour grands que soient les Rois, ils sont ce que nous
sommes,
Ils peuuent se tromper comme les autres hommes,

B

Et ce choix sert de preuue à tous les Courtisans
Qu'ils sçauent mal payer les seruices presens.

D. DIEGVE.

Ne parlons plus d'vn choix dõt voftre esprit s'irrite,
La faueur l'a peu faire autant que le merite,
Vous choisiffant peut-eftre on euft peu mieux choisir,
Mais le Roy m'a trouué plus propre à son desir.
A l'hõneur qu'il m'a fait adiouftez-en vn autre,
Ioignons d'vn sacré nœud ma maison à la voftre,
Rodrigue aime Chimene, & ce digne sujet
De ses affections eft le plus cher objet:
Consentez-y, Monsieur, & l'acceptez pour gendre.

LE COMTE.

A de plus hauts partis Rodrigue doit pretendre,
Et le nouuel efclat de voftre dignité
Luy doit bien mettre au cœur vne autre vanité.
Exercez-la, Monsieur, & gouuernez le Prince,
Monftrez-luy comme il faut regir vne Prouince,
Faire trembler par tout les peuples sous sa loy,
Remplir les bons d'amour, & les meschans d'effroy:
Ioignez à ces vertus celles d'vn Capitaine,
Monftrez-luy comme il faut s'enduxcir à la peine,
Dans le meftier de Mars se rendre sans égal,
Paffer les iours entiers & les nuits à cheual,
Repofer tout armé, forcer vne muraille,
Et ne deuoir qu'à foy le gain d'vne bataille.

Inftruifez-le d'exemple, & vous reffouuenez
Qu'il faut faire à fes yeux ce que vous enfeignez.

D. DIEGVE.

Pour s'inftruire d'exemple, en defpit de l'enuie,
Il lira feulement l'hiftoire de ma vie:
Là dans vn long tiffu des belles actions
Il verra comme il faut dompter des nations,
Attaquer vne place, ordonner vne armée,
Et fur de grands exploits baftir fa renommée.

LE COMTE.

Les exemples viuans ont bien plus de pouuoir;
Vn Prince dans vn liure apprend mal fon deuoir;
Et qu'a fait apres tout ce grand nombre d'années
Que ne puiffe égaler vne de mes iournées?
Si vous fuftes vaillant, ie le fuis auiourd'huy,
Et ce bras du Royaume eft le plus ferme appuy;
Grenade, & l'Arragon tremblent quãd ce fer brille,
Mon nom fert de rempart à toute la Caftille:
Sans moy vous pafferiez bientoft fous d'autres loix,
Et fi vous ne m'auiez, vous n'auriez plus de Rois.
Chaque iour, chaque inftant, entaffe pour ma gloire
Laurier deffus laurier, victoire fur victoire:
Le Prince, pour effay de generofité,
Gaigneroit des combats marchant à mon cofté,
Loin des froides leçons qu'à mon bras on prefere,
Il apprendroit à vaincre en me regardant faire.

B ij

D. DIEGVE.

Vous me parlez en vain de ce que ie cognoy,
Ie vous ay veu combatre & commander sous moy:
Quand l'aage dans mes nerfs a fait couler sa glace
Vostre rare valeur a bien remply ma place,
Enfin pour espargner les discours superflus
Vous estes auiourd'huy ce qu'autrefois ie fus:
Vous voyez toutesfois qu'en cette concurrence
Vn Monarque entre nous met de la difference.

LE COMTE.

Ce que ie meritois, vous l'auez emporté.

D. DIEGVE.

Qui l'a gaigné sur vous, l'auoit mieux merité.

LE COMTE.

Qui peut mieux l'exercer, en est bien le plus digne?

D. DIEGVE.

En estre refusé n'en est pas vn bon signe.

LE COMTE.

Vous l'auez eu par brigue estant vieux Courtisan.

D. DIEGVE.

L'esclat de mes hauts faits fut mon seul partisan.

LE COMTE.

Parlons en mieux, le Roy fait l'honeur à vostre âge.

D. DIEGVE.

Le Roy, quand il en fait, le mesure au courage.

LE COMTE.

Et par là cét honneur n'estoit deu qu'à mon bras.

D. DIEGVE.

Qui n'a peu l'obtenir, ne le meritoit pas.

LE COMTE.

Ne le meritoit pas! moy?

D. DIEGVE.

Vous.

LE COMTE.

Ton impudence,
Temeraire vieillard aura sa recompense.

Il luy
donne
vn souf-
flet.

D. DIEGVE.

Acheue, & prens ma vie apres vn tel affront,
Le premier dont ma race ait veu rougir son front.

Ils
mettét
l'espée
à la
main.

B iij

LE COMTE.

Et que penses-tu faire auec tant de foibleße ?

D. DIEGVE.

O Dieu ! ma force vsée à ce besoin me laiße.

LE COMTE.

Ton espée est à moy, mais tu serois trop vain
Si ce honteux trophée auoit chargé ma main.
Adieu, fay lire au Prince, en despit de l'enuie,
Pour son instruction l'histoire de ta vie,
D'vn insolent discours ce iuste chastiment
Ne luy seruira pas d'vn petit ornement.

D. DIEGVE.

Espargnes-tu mon sang ?

LE COMTE.

Mon ame est satisfaite,
Et mes yeux à ma main reprochent ta deffaite.

D. DIEGVE.

Tu dédaignes ma vie !

LE COMTE.

En arrester les cours
Ne seroit que baster la Parque de trois iours.

SCENE V.

D. DIEGVE seul.

Rage, ô defefpoir! ô vieilleffe ennemie!
N'ay-ie donc tant vefcu que pour cette
   infamie?
Et ne fuis-ie blanchy dans les trauaux
   guerriers
Que pour voir en vn iour fleftrir tant de lauriers?
Mon bras qu'auec refpect toute l'Efpagne admire,
Mon bras qui tant de fois a fauué cét Empire,
Tant de fois affermy le Trofne de fon Roy,
Trahit donc ma querelle, & ne fait rien pour moy?
O cruel fouuenir de ma gloire paffée!
Oeuure de tant de iours en vn iour effacée!
Nouuelle dignité fatale à mon bon-heur,
Precipice efleué d'où tombe mon honneur,
Faut-il de voftre efclat voir triompher le Comte,
Et mourir fans vengeance, ou viure dans la honte?
Comte, fois de mon Prince à prefent Gouuerneur,
Ce haut rang n'admet point vn hôme fans honneur,
Et ton ialoux orgueil par cét affront infigne
Malgré le choix du Roy m'en a fceu rendre indigne.

Et toy de mes exploicts glorieux instrument,
Mais d'vn corps tout de glace inutile ornement,
Fer, iadis tant à craindre, & qui dans cette offence
M'as seruy de parade, & non pas de deffense,
Va, quitte desormais le dernier des humains,
Passe pour me vanger en de meilleures mains,
Si Rodrigue est mon fils, il faut que l'amour cede,
Et qu'vne ardeur plus haute à ses flames succede,
Mon honneur est le sien, & le mortel affront
Qui tombe sur mon chef reiallit sur son front.

SCENE VI.

D. DIEGVE, D. RODRIGVE.

D. DIEGVE.

ROdrigue, as-tu du cœur?

D. RODRIGVE.

        Tout autre que mon pere
L'esprouueroit sur l'heure.

D. DIEGVE.

        Agreable colere,
Digne ressentiment à ma douleur bien doux!
Ie recognoy mon sang à ce noble courroux.

           Ma

Ma ieuneſſe reuit en cette ardeur ſi prompte,
Vien mon fils, vien mon ſang, vien reparer ma hôte,
Vien me vanger.

D. RODRIGVE.

De quoy?

D. DIEGVE.

D'vn affront ſi cruel
Qu'à l'honneur de tous deux il porte vn coup
mortel,
D'vn ſouflet. L'inſolent en euſt perdu la vie,
Mais mon aage a trompé ma genereuſe enuie,
Et ce fer que mon bras ne peut plus ſouſtenir
Ie le remets au tien pour vanger & punir:
Va contre vn arrogant eſprouuer ton courage,
Ce n'eſt que dans le ſang qu'on laue vn tel outrage,
Meurs, ou tue. Au ſurplus, pour ne te point flatter,
Ie te donne à combatre vn homme à redouter,
Ie l'ay veu tout ſanglant au milieu des batailles
Se faire vn beau rempart de mille funerailles.

D. RODRIGVE.

Son nom, c'eſt perdre temps en propos ſuperflus.

D. DIEGVE.

Donc pour te dire encor quelque choſe de plus,
Plus que braue ſoldat, plus que grand Capitaine,

C

C'est

D. RODRIGVE.

De grace acheuez.

D. DIEGVE.

Le pere de Chimene.

D. RODRIGVE.

Le

D. DIEGVE.

Ne replique point, ie cognoy ton amour,
Mais qui peut viure infame est indigne du iour,
Plus l'offenseur est cher, & plus grande est l'offense:
Enfin tu sçais l'affront, & tu tiens la vangeance,
Ie ne te dis plus rien, vange moy, vange toy,
Monstre toy digne fils d'vn tel pere que moy,
Accablé des mal-heurs où le destin me range
Ie m'en vay les pleurer, va, cours, vole, & nous
   vange.

SCENE VII.

D. RODRIGVE seul.

Ercé iufques au fonds du cœur
D'vne atteinte impreueuë aufli bien que
   mortelle,
Miferable vangeur d'vne iufte querelle,
Et mal-heureux obiet d'vne iniufte rigueur,
Ie demeure immobile, & mon ame abbatuë
   Cede au coup qui me tuë.
   Si prés de voir mon feu recompenfé,
     O Dieu ! l'eftrange peine !
   En cét affront mon pere eft l'offenfé,
   Et l'offenfeur le pere de Chimene.

   Que ie fens de rudes combats !
Contre mon propre honneur mon amour s'intereffe,
Il faut vanger vn pere, & perdre vne maiftreffe,
L'vn efchauffe mon cœur, l'autre retient mon bras,
Reduit au trifte choix ou de trahir ma flame,
   Ou de viure en infame,

Des deux coſtez mon mal eſt infiny.
O Dieu! l'eſtrange peine!
Faut-il laiſſer vn affront impuny?
Faut-il punir le pere de Chimene?

✦

Pére, maiſtreſſe, honneur, amour,
Impitoyable loy, cruelle tyrannie,
Tous mes plaiſirs ſont morts, ou ma gloire ternie,
L'vn me réd mal-heureux, l'autre indigne du iour.
Cher & cruel eſpoir d'vne ame genereuſe
Mais enſemble amoureuſe,
Noble ennemy de mon plus grand bon-heur
Qui fais toute ma peine,
M'es-tu donné pour vanger mon honneur?
M'es-tu donné pour perdre ma Chimene?

✦

Il vaut mieux courir au trépas,
Ie dois à ma maiſtreſſe auſſi bien qu'à mon pere,
Qui vange cét affront irrite ſa colere,
Et qui peut la ſouffrir, ne la merite pas.
Preuenons la douleur d'auoir failly contre elle
Qui nous ſeroit mortelle:
Tout m'eſt fatal, rien ne me peut guerir,
Ny ſoulager ma peine,
Allons, mon ame, & puis qu'il faut mourir
Mourons du moins ſans offencer Chimene.

Mourir sans tirer ma raison!
Rechercher vn trespas si mortel à ma gloire!
Endurer que l'Espagne impute à ma memoire
D'auoir mal soustenu l'honneur de ma maison,
Respecter vn amour dont mon ame égarée
Voit la perte asseurée!
N'escoutons plus ce penser suborneur
Qui ne sert qu'à ma peine,
Allons, mon bras, du moins sauuons l'honneur,
Puisqu'aussi bien il faut perdre Chimene.

Ouy, mon esprit s'estoit deçeu,
Dois ie pas à mon pere auant qu'à ma maistresse,
Que ie meure au combat, ou meure de tristesse,
Ie rendray mon sang pur comme ie l'ay receu.
Ie m'accuse desia de trop de negligence,
Courons à la vengeance,
Et tout honteux d'auoir tant balancé,
Ne soyons plus en peine,
(Puisque auiourd'huy mon pere est l'offencé)
Si l'offenseur est pere de Chimene.

Fin du premier Acte.

ACTE II.

SCENE PREMIERE.

D. ARIAS, LE COMTE.

LE COMTE.

E L'aduoüe entre nous, quand ie luy fis
   l'affront
I'eus le sang vn peu chaud, & le bras vn
  peu prompt,
Mais puisque c'en est fait, le coup est sans remede.

D. ARIAS.

Qu'aux volontez du Roy ce grand courage cede,
Il y prend grande part, & son cœur irrité
Agira contre vous de pleine authorité.
Aussi vous n'auez point de valable deffense
Le rang de l'offencé, la grandeur de l'offence
Demandent des deuoirs & des submissions
Qui passent le commun des satisfactions.

LE COMTE.

Qu'il prenne donc ma vie, elle est en sa puissance.

D. ARIAS.

Vn peu moins de transport, & plus d'obeyssance,
D'vn Prince qui vous aime appaisez le couroux,
Il a dit, ie le veux, desobeirez vous?

LE COMTE.

Monsieur, pour conseruer ma gloire & mon estime
Desobeir vn peu n'est pas vn si grand crime.
Et quelque grand qu'il fust, mes seruices presens
Pour le faire abolir sont plus que suffisans.

D. ARIAS.

Quoy qu'on fasse d'illustre & de considerable
Iamais à son suiet vn Roy n'est redeuable:
Vous vous flatez beaucoup, & vous deuez sçauoir
Que qui sert bien son Roy ne fait que son deuoir,
Vous vous perdrez, Monsieur, sur cette confiance.

LE COMTE.

Ie ne vous en croiray qu'apres l'experience,

D. ARIAS.

Vous deuez redouter la puissance d'vn Roy.

LE COMTE.

Vn iour seul ne pert pas vn homme tel que moy.

LE CID,

Que toute ſa grandeur s'arme pour mon ſupplice,
Tout l'Eſtat perira pluſtoſt que ie periſſe.

D. ARIAS.

Quoy? vous craignez ſi peu le pouuoir ſouuerain?

LE COMTE.

D'vn ſceptre qui ſans moy tomberoit de ſa main?
Il a trop d'intereſt luy-meſme en ma perſonne,
Et ma teſte en tombant feroit choir ſa couronne.

D. ARIAS.

Souffrez que la raiſon remette vos eſprits,
Prenez vn bon conſeil.

LE COMTE.

Le Conſeil en eſt pris.

D. ARIAS.

Que luy diray-ie enfin? Ie luy dois rendre conte.

LE COMTE.

Que ie ne puis du tout conſentir à ma honte.

D. ARIAS.

Mais ſongez que les Rôis veulent eſtre abſolus.

LE COMTE.

Le ſort en eſt ietté, Monſieur, n'en parlons plus.

D. ARIAS.

Adieu dõc, puiſqu'en vain ie tâche à vous reſoudre:
Tout couuert de lauriers, craignez encor la foudre.

Le

LE COMTE

Ie l'attendray sans peur.

D. ARIAS.

Mais non pas sans effet.

LE COMTE.

Nous verrons donc par là Dom Diegue satisfait. **D. Arias rentre.**
Ie m'estonne fort peu de menaces pareilles,
Dans les plus grãds perils ie fais plus de merueilles,
Et quand l'honneur y va, les plus cruels trespas
Presentez à mes yeux ne mébranleroient pas.

SCENE II.

LE COMTE, D. RODRIGVE.

D. RODRIGVE.

Moy, Comte, deux mots.

LE COMTE.

Parle.

D. RODRIGVE.

Oste moy d'vn doute.
Cognois tu bien Dom Diegue?

D

LE COMTE.

Ouy,

D. RODRIGVE.

Parlons bas , escoute.
Sçais-tu que ce vieillard fut la mesme vertu,
La vaillance, & l'honneur de son temps? le sçais-tu?

LE COMTE.

Peut-estre.

D. RODRIGVE.

Cette ardeur que dans les yeux ie porte,
Sçais-tu que c'est son sang? le sçais-tu?

LE COMTE.

Que m'importe?

D. RODRIGVE.

A quatre pas d'icy ie te le fais sçauoir.

LE COMTE.

Ieune presomptueux.

D. RODRIGVE.

Parle sans t'émouuoir.

Ie ſuis ieune, il eſt vray, mais aux ames bien nées
La valeur n'attend pas le nombre des années.

LE COMTE.

Mais t'attaquer à moy ! qui t'a rendu ſi vain,
Toy qu'on n'a iamais veu les armes à la main ?

D. RODRIGVE.

Mes pareils à deux fois ne ſe font point cogneſtre,
Et pour leurs coups d'eſſay veulent des coups de
    maiſtre.

LE COMTE.

Sçais-tu bien qui ie ſuis ?

D. RODRIGVE.

Ouy, tout autre que moy
Au ſeul bruit de ton nom pourroit trembler d'effroy,
Mille & mille lauriers dont ta teſte eſt couuerte
Semblent porter eſcrit le deſtin de ma perte,
I'attaque en temeraire vn bras toûjours vainqueur,
Mais i'auray trop de force ayant aſſez de cœur,
A qui vange ſon pere il n'eſt rien impoſſible,
Ton bras eſt inuaincu, mais non pas inuincible.

LE COMTE.

Ce grand cœur qui paroiſt aux diſcours que tu tiens
Par tes yeux chaque iour ſe découuroit aux miens,

Et croyant voir en toy l'honneur de la Castille,
Mon ame auec plaisir te destinoit ma fille.
Ie sçay ta passion, & suis rauy de voir
Que tous ses mouuemens cedent à ton deuoir,
Qu'ils n'ont point affoibly cette ardeur magnanime,
Que ta haute vertu respond à mon estime,
Et que voulant pour gendre vn Cheualier parfait
Ie ne me trompois point au choix que i'auois fait.
Mais ie sens que pour toy ma pitié s'interesse,
I'admire ton courage, & ie plains ta ieunesse,
Ne cherche point à faire vn coup d'essay fatal,
Dispense ma valeur d'vn combat inégal,
Trop peu d'hõneur pour moy suiuroit cette victoire,
A vaincre sans peril on triomphe sans gloire,
On te croiroit tousiours abbatu sans effort,
Et i'aurois seulement le regret de ma mort.

D. RODRIGVE.

D'vne indigne pitié ton audace est suiuie,
Qui m'ose oster l'honneur craint de m'oster la vie.

LE COMTE.

Retire toy d'icy.

D. RODRIGVE.

Marchons sans discourir.

LE COMTE.

Es-tu si las de viure?

D. RODRIGVE.

As-tu peur de mourir?

LE COMTE.

Vien, tu fais ton deuoir, & le fils degenere
Qui ſuruit vn moment à l'honneur de ſon pere.

SCENE III.

L'INFANTE, CHIMENE,
LEONOR.
L'INFANTE.

Ppaiſe, ma Chimene, appaiſe ta douleur,
Fais agir ta conſtance en ce coup de mal-
          heur:
     Tu reuerras le calme apres ce foible orage,
Ton bon-heur n'eſt couuert que d'vn petit nuage,
Et tu n'as rien perdu pour le voir differer.

CHIMENE.

Mon cœur outré d'ennuis n'oſe rien eſperer,
Vn orage ſi prompt qui trouble vne bonace,
D'vn naufrage certain nous porte la menace.
Ie n'en ſçaurois douter, ie peris dans le port,
I'aimois, i'eſtois aimée, & nos peres d'accord

D iij

Et ie vous en contois la premiere nouuelle
Au mal-heureux momēt que naiſſoit leur querelle,
Dont le recit fatal ſi toſt qu'on vous l'a fait
D'vne ſi douce attente a ruiné l'effet.
Maudite ambition, deteſtable manie,
Dont les plus genereux ſouffrent la tyrannie,
Impitoyable honneur, mortel à mes plaiſirs,
Que tu me vas couſter de pleurs & de ſouſpirs!

L'INFANTE.

Tu n'as dans leur querelle aucun ſuict de craindre,
Vn moment l'a fait naiſtre, vn moment va l'eſtein-
    dre,
Elle a fait trop de bruit pour ne pas s'accorder,
Puiſque deſia le Roy les veut accommoder,
Et de ma part mon ame à tes ennuis ſenſible
Pour en tarir la ſource, y fera l'impoſſible.

CHIMENE.

Les accommodements ne font rien en ce point,
Les affronts à l'honneur ne ſe reparent point,
En vain on fait agir la force, & la prudence,
Si l'on guerit le mal ce n'eſt qu'en apparence,
La haine que les cœurs conſeruent au dedans
Nourrit des feux cachez, mais d'autant plus ar-
    dans.

L'INFANTE.

Le faint nœud qui ioindra Dom Rodrigue & Chi-
mene,
Des peres ennemis dißipera la haine,
Et nous verrons bien toft voftre amour le plus fort,
Par vn heureux Hymen eftouffer ce diftord.

CHIMENE.

Ie le fouhaite ainfi plus que ie ne l'efpere;
Dom Diegue eft trop altier, & ie cognoy mon pere.
Ie fens couler des pleurs que ie veux retenir,
Le paßé me tourmente, & ie crains l'aduenir.

L'INFANTE.

Que crains-tu? d'vn vieillard l'impuißante foibleße?

CHIMENE.

Rodrigue a du courage.

L'INFANTE.

Il a trop de ieuneße.

LE CID,

CHIMENE.

Les hommes valeureux le font du premier coup.

L'INFANTE.

Tu ne dois pas pourtant le redouter beaucoup,
Il est trop amoureux pour te vouloir déplaire,
Et deux mots de ta bouche arrestent sa colere.

CHIMENE.

S'il ne m'obeït point, quel comble à mon ennuy?
Et s'il peut m'obeïr, que dira-t'on de luy?
Souffrir vn tel affront estant né Gentil-homme?
Soit qu'il cedde, ou resiste au feu qui le consomme,
Mon esprit ne peut qu'estre, ou honteux ou confus
De son trop de respect, ou d'vn iuste refus.

L'INFANTE.

Chimene est genereuse, & quoy qu'interessée
Elle ne peut souffrir vne lasche pensée!
Mais si iusques au iour de l'accommodement
Ie fais mon prisonnier de ce parfait amant,
Et que i'empesche ainsi l'effet de son courage,
Ton esprit amoureux n'aura-t'il point d'ombrage?

CHIMENE.

Ah Madame, en ce cas ie n'ay plus de soucy.
SCENE

SCENE IV.

L'INFANTE, CHIMENE, LEONOR, LE PAGE.
L'INFANTE.

P Age, cherchez Rodrigue, & l'amenez icy.

LE PAGE.

Le Comte de Gormas & luy.

CHIMENE.

Bon Dieu! Ie tremble.

L'INFANTE.

Parlez.

LE PAGE.

De ce Palais ils sont sortis ensemble,

CHIMENE.

Seuls?

LE PAGE.

Seuls, & qui sembloient tout bas se quereller.

E

CHIMENE.

Sans doute ils sont aux mains, il n'en faut plus parler:
Madame pardonnez à cette promptitude.

SCENE V.

L'INFANTE, LEONOR.

L'INFANTE.

Elas! que dans l'esprit ie sens d'inquie-
tude?
Ie pleure ses mal-heurs, son amant me
rauit,
Mon repos m'abandonne, & ma flame reuit.
Ce qui va separer Rodrigue de Chimene
Auecque mon espoir fait renaistre ma peine,
Et leur diuision que ie vois aregret,
Dans mon esprit charmé iette vn plaisir secret.

LEONOR.

Cette haute vertu qui regne dans vostre ame
Se rend elle si tost à cette lasche flame?

L'INFANTE.

Ne la nomme point lasche, à present que chez moy
Pompeuse & triomphante elle me fait la loy.

Porte luy du respect puisque elle m'est si chere ;
Ma vertu la combat, mais malgré moy i'espere,
Et d'vn si fol espoir mon cœur mal deffendu
Vole apres vn amant que Chimene a perdu.

LEONOR.

Vous laissez choir ainsi ce glorieux courage,
Et la raison chez vous perd ainsi son vsage ?

L'INFANTE.

Ah! qu'auec peu d'effect on entend la raison,
Quand le cœur est atteint d'vn si charmant poison!
Alors que le malade aime sa maladie
Il ne peut plus souffrir que l'on y remedie.

LEONOR.

Vostre espoir vous seduit, vostre mal vous est doux,
Mais tousiours ce Rodrigue est indigne de vous.

L'INFANTE.

Ie ne le sçay que trop, mais si ma vertu cede
Apprend comme l'amour flatte vn cœur qu'il possede.
Si Rodrigue vne fois sort vainqueur du combat,
Si dessous sa valeur ce grand guerrier s'abat,
Ie puis en faire cas, ie puis l'aimer sans honte,
Que ne fera-t'il point s'il peut vaincre le Comte?
I'ose m'imaginer qu'à ses moindres exploits
Les Royaumes entiers tomberont sous ses loix.

E

Et mon amour flatteur desia me persuade
Que ie le vois aßis au trosne de Grenade:
Les Mores subiuguez trembler en l'adorant,
L'Arragon receuoir ce nouueau conquerant,
Le Portugal se rendre, & ses nobles iournées
Porter de là les mers ses hautes destinées,
Au milieu de l'Afrique arborer ses lauriers:
Enfin tout ce qu'on dit des plus fameux guerriers,
Ie l'attend de Rodrigue apres cette victoire,
Et fais de son amour vn suiet de ma gloire.

LEONOR.

Mais, Madame, voyez où vous portez son bras,
En suitte d'vn combat qui peut estre n'est pas.

L'INFANTE

Rodrigue est offensé, le Comte a fait l'outrage,
Ils sont sortis ensemble, en faut-il d'auantage?

LEONOR.

Ie veux que ce combat demeure pour certain,
Vostre esprit va-t'il point bien viste pour sa main?

L'INFANTE.

Que veux-tu? ie suis folle, & mon esprit s'egare,
Mais c'est le moindre mal que l'amour me prepare,
Vien dans mon cabinet consoler mes ennuis,
Et ne me quitte point dans le trouble où ie suis.

SCENE
SIXIESME

LE ROY, D. ARIAS, D. SANCHE,
D. ALONSE.

LE ROY.

E Comte eſt donc ſi vain, & ſi peu
raiſonnable!
Oſe - t'il croire encor ſon crime par-
donnable?

D. ARIAS.

Ie l'ay de voſtre part long-temps entretenu,
I'ay fait mon pouuoir, Sire, & n'ay rien obtenu.

LE ROY.

Iuſtes Cieux! Ainſi donc vn ſuiet temeraire
A ſi peu de reſpect, & de ſoin de me plaire!

E iij

LE CID,

Il offence Dom Diegue, & mesprise son Roy!
Au milieu de ma Cour il me donne la loy!
Qu'il soit braue guerrier, qu'il soit grãd Capitaine,
Ie luy rabatray bien cette humeur si hautaine,
Fust-il la valeur mesme, & le Dieu des combats,
Il verra ce que c'est que de n'obeir pas.
Ie sçay trop comme il faut dompter cette insolence,
Ie l'ay voulu d'abord traiter sans violence,
Mais puis qu'il en abuse, allez dés auiourd'huy,
Soit qu'il resiste, ou non, vous asseurer de luy.

D. Alõ-
se ren-
sre.

D. SANCHE.

Peut-estre vn peu de tẽps le rendroit moins rebelle,
On l'a pris tout boüillant encor de sa querelle,
Sire, dans la chaleur d'vn premier mouuement,
Vn cœur si genereux se rend malaisément;
On voit bien qu'on a tort, mais vne ame si haute
N'est pas si tost reduite à confesser sa faute.

L'E ROY.

Dom Sanche, taisez-vous, & soyez aduerty
Qu'on se rend criminel à prendre son party.

D. SANCHE.

I'obeïs, & me tais, mais de grace encor Sire,
Deux mots en sa defense.

LE ROY.

Et que pourrez vous dire?

D. SANCHE.

Qu'vne ame accouſtumée aux grandes actions
Ne ſe peut abaiſſer à des ſubmiſſions.
Elle n'en conçoit point qui s'expliquent ſans honte,
Et c'eſt contre ce mot qu'a reſiſté le Comte;
Il trouue en ſon deuoir vn peu trop de rigueur,
Et vous obeiroit s'il auoit moins de cœur.
Commandez que ſon bras nourry dans les alarmes
Repare cette iniure à la pointe des armes,
Il ſatisfera, Sire, & vienne qui voudra,
Attendant qu'il l'ait ſceu voicy qui reſpondra.

LE ROY.

Vous perdez le reſpect, mais ie pardonne à l'aage,
Et i'eſtime l'ardeur en vn ieune courage;
Vn Roy dont la prudence à de meilleurs obiets
Eſt meilleur ménager du ſang de ſes ſubiets,
Ie veille pour les miens, mes ſoucis les conſeruent,
Comme le chef a ſoin des membres qui le ſeruent:
Ainſi voſtre raiſon n'eſt pas raiſon pour moy;
Vous parlez en ſoldat, ie dois agir en Roy,

Et quoy qu'il faille dire, & quoy qu'il veuille croire,
Le Comte à m'obeïr ne peut perdre sa gloire.
D'ailleurs l'affront me touche, il a perdu d'honneur
Celuy que de mon fils i'ay fait le Gouuerneur,
Et par ce trait hardy d'vne insolence extreme
Il s'est pris à mon choix, il s'est pris à moy-mesme.
C'est moy qu'il satisfait en reparant ce tort,
N'en parlons plus. Au reste on nous menace fort,
Sur vn aduis receu ie crains vne surprise.

D. ARIAS.

Les Mores contre vous font-ils quelque entreprise?
S'osent-ils preparer à des efforts nouueaux?

LE ROY.

Vers la bouche du fleuue on a veu leurs vaisseaux
Et vous n'ignorez pas qu'auec fort peu de peine
Vn flux de pleine mer iusqu'icy les amene.

D. ARIAS.

Tant de combats perdus leur ont osté le cœur
D'attaquer desormais vn si puissant vainqueur.

LE ROY.

N'importe, ils ne sçauroient qu'auecque ialousie
Voir mon sceptre auiourd'huy regir l'Andalousie,

Et

Et ce pays si beau que i'ay conquis sur eux,
Reueille à tous momens leurs desseins genereux :
C'est l'unique raison qui m'a fait dans Seuille
Placer depuis dix ans le trosne de Castille,
Pour les voir de plus pres, & d'vn ordre plus prompt,
Renuerser aussi tost ce qu'ils entreprendront.

D. ARIAS.

Sire, ils ont trop appris aux despens de leurs testes
Combien vostre presence asseure vos conquestes :
Vous n'auez rien à craindre.

LE ROY.

      Et rien à negliger,
Le trop de confiance attire le danger,
Et le mesme ennemy que l'on vient de destruire,
S'il sçait prendre son temps, est capable de nuire,
Toutesfois i'auray tort de ietter dans les cœurs
L'aduis estant mal seur, de Paniques terreurs,
L'effroy que produiroit cette alarme inutile
Dans la nuit qui suruient troubleroit trop la ville :
Puisqu'on fait bonne garde aux murs & sur le port,
Il suffit pour ce soir.

*D. Alõ-
se re-
uient*

D. ALONSE.

Sire, le Comte est mort,

                        E

Dom Diegue par son fils a vangé son offence.

LE ROY.

Dés que i'ay sceu l'affront, i'ay preueu la vengeance,
Et i'ay voulu dés lors preuenir ce malheur.

D. ALONSE

Chimene à vos genoux apporte sa douleur,
Elle vient tout en pleurs vous demander iustice.

LE ROY.

Bien qu'à ses deplaisirs mon ame compatisse,
Ce que le Comte a fait semble auoir merité
Ce iuste chastiment de sa temerité.
Quelque iuste pourtant que puisse estre sa peine,
Ie ne puis sans regret perdre vn tel Capitaine ;
Apres vn long seruice à mon Estat rendu,
Apres son sang pour moy mille fois repandu,
A quelques sentimens que son orgueil m'oblige,
Sa perte m'affoiblit, & son trépas m'afflige.

SCENE

SEPTIESME.

LE ROY, D. DIEGVE, CHIMENE,
D. SANCHE, D. ARIAS,
D. ALONSE.

CHIMENE.

IRE, Sire, Iustice.

D. DIEGVE.

Ah ! Sire escoutez nous.

CHIMENE.

Ie me iette à vos pieds.

D. DIEGVE.

I'embrasse vos genoux.

CHIMENE.

Ie demande iustice.

F ij

D. DIEGVE.

Entendez ma defense.

CHIMENE.

Vangez moy d'vne mort.

D. DIEGVE.

Qui punit l'insolence.

CHIMENE.

Rodrigue, Sire.

D. DIEGVE.

A fait vn coup d'homme de bien.

CHIMENE.

Il a tué mon pere.

D. DIEGVE.

Il a vangé le sien.

CHIMENE.

Au sang de ses suiets vn Roy doit la iustice.

D. DIEGVE.

Vne vengeance iuſte eſt ſans peur du ſupplice.

LE ROY.

Leuez-vous l'vn & l'autre, & parlez à loiſir.
Chimene, ie prends part à voſtre déplaiſir,
D'vne egale douleur ie ſens mon ame atteinte,
Vous parlerez apres, ne troublez pas ſa plainte.

CHIMENE.

Sire, mon pere eſt mort, mes yeux ont veu ſon ſang
Couler à gros boüillons de ſon genereux flanc,
Ce ſang qui tant de fois garantit vos murailles,
Ce ſang qui tant de fois vous gaigna des batailles,
Ce ſang qui tout ſorty fume encor de couroux
De ſe voir reſpandu pour d'autres que pour vous,
Qu'au milieu des hazards n'oſoit verſer la guerre.
Rodrigue en voſtre Cour vient d'en couurir la
*   terre,*
Et pour ſon coup d'eſſay ſon indigne attentat
D'vn ſi ferme ſouſtien a priué voſtre Eſtat,
De vos meilleurs ſoldats abbatu l'aſſeurance,
Et de vos ennemis releué l'eſperance.
I'arriuay ſur le lieu ſans force & ſans couleur,
Ie le trouuay ſans vie. Excuſez ma douleur,

Sire, la voix me manque à ce recit funeste,
Mes pleurs & mes soupirs vous diront mieux le
   reste.

LE ROY.

Pren courage, ma fille, & sçache qu'aujourd'huy
Ton Roy te veut seruir de pere au lieu de luy.

CHIMENE.

Sire, de trop d'honneur ma misere est suiuie.
I'arriuay donc sans force, & le trouuay sans vie,
Il ne me parla point, mais pour mieux m'émouuoir,
Son sang sur la poussiere escriuoit mon deuoir,
Ou plutost sa valeur en cet estat réduite
Me parloit par sa playe & hastoit ma poursuitte,
Et pour se faire entendre au plus iuste des Rois
Par cette triste bouche elle empruntoit ma voix.
Sire, ne souffrez pas que sous vostre puissance
Regne deuant vos yeux vne telle licence,
Que les plus valeureux auec impunité
Soient exposez aux coups de la temerité,
Qu'vn ieune audacieux triomphe de leur gloire,
Se baigne dans leur sang, & braue leur memoire,
Vn si vaillant guerrier qu'on vient de vous rauir
Esteint, s'il n'est vangé, l'ardeur de vous seruir.
Enfin mon pere est mort, i'en demande vangeance,
Plus pour vostre interest que pour mon allegeance,

Vous perdez en la mort d'vn homme de son rang,
Vangez la par vn autre, & le sang par le sang,
Sacrifiez Dom Diegue : & toute sa famille,
A vous, à vostre peuple, à toute la Castille,
Le Soleil qui voit tout ne voit rien sous les Cieux
Qui vous puisse payer vn sang si precieux.

LE ROY.

Dom Diegue, respondez.

D. DIEGVE.

      Qu'on est digne d'ènuie
Quand auecque la force on perd aussi la vie,
Sire, & que l'aage apporte aux hommes genereux
Auecque sa foiblesse vn destin malheureux !
Moy dont les longs trauaux ont acquis tant de
   gloire,
Moy que iadis par tout a suiuy la victoire,
Ie me vois auiourd'huy pour auoir trop vescu
Receuoir vn affront, & demeurer vaincu.
Ce que n'a peu iamais combat, siege, embuscade,
Ce que n'a peu iamais Arragon, ny Grenade,
Ny tous vos ennemis, ny tous mes enuieux,
L'orgueil dans vostre Cour l'a fait presque à vos
   yeux.
Et soüillé sans respect l'honneur de ma vieillesse,
Auantagé de l'aage, & fort de ma foiblesse.

Sire, ainsi ces cheuaux blanchis sous le harnois,
Ce sang pour vous seruir prodigué tant de fois,
Ce bras iadis l'effroy d'vne armée ennemie,
Descendoient au tombeau tous chargez d'infamie,
Si ie n'eusse produit vn fils digne de moy,
Digne de son pays, & digne de son Roy.
Il m'a presté sa main, il a tué le Comte,
Il m'a rendu l'honneur, il a laué ma honte.
Si monstrer du courage & du ressentiment,
Si vanger vn souflet merite vn chastiment,
Sur moy seul doit tomber l'esclat de la tempeste.
Quand le bras a failly l'on en punit la teste;
Du crime glorieux qui cause nos debats,
Sire, i'en suis la teste, il n'en est que le bras;
Si Chimene se plaint qu'il a tué son pere,
Il ne l'eust iamais fait, si ie l'eusse peu faire.
Immolez donc ce chef que les ans vont rauir,
Et conseruez pour vous le bras qui peut seruir,
Aux despens de mon sang satisfaites Chimene,
Ie n'y resiste point, ie consens à ma peine,
Et loing de murmurer d'vn iniuste decret
Mourant sans deshonneur ie mourray sans regret.

LE ROY.

L'affaire est d'importance, & bien considerée
Merite en plein conseil d'estre deliberée,

Dom

Dom Sanche remettez Chimene en sa maison,
Dom Diegue aura ma Cour & sa foy pour prison,
Qu'on me cherche son fils. Ie vous feray iustice.

CHIMENE.

Il est iuste, grand Roy, qu'vn meurtrier perisse.

LE ROY.

Pren du repos, ma fille, & calme tes douleurs.

CHIMENE.

M'ordonner du repos, c'est croistre mes malheurs.

Fin du second Acte.

G

ACTE III

SCENE PREMIERE.

D. RODRIGVE , ELVIRE.

ELVIRE.

Odrigue qu'as tu fait ? où viens tu miserable ?

D. RODRIGVE.

Suiure le triste cours de mon sort deplorable.

ELVIRE.

Où prens-tu cette audace & ce nouuel orgueil
De parestre en des lieux que tu remplis de deüil ?
Quoy! viens-tu iusqu'icy brauer l'ombre du Comte ?
Ne l'as tu pas tué ?

D. RODRIGVE.

Sa vie estoit ma honte,
Mon honneur de ma main a voulu cet effort.

ELVIRE.

Mais chercher ton azile en la maison du mort!
Iamais vn meurtrier en fit-il son refuge?

D. RODRIGVE.

Iamais vn meurtrier s'offrit-il à son Iuge?
Ne me regarde plus d'vn visage estonné,
Ie cherche le trespas apres l'auoir donné,
Mon Iuge est mon amour, mon Iuge est ma Chi-
mene,
Ie merite la mort de meriter sa haine,
Et i'en viens receuoir comme vn bien souuerain,
Et l'arrest de sa bouche, & le coup de sa main.

ELVIRE.

Fuy plustost de ses yeux, fuy de sa violence,
A ses premiers transports desrobe ta presence;
Va, ne t'expose point aux premiers mouuemens
Que poussera l'ardeur de ses ressentimens.

D. RODRIGVE.

Non, non, ce cher obiet à qui i'ay peu déplaire
Ne peut pour mon supplice auoir trop de colere,

G ij

Et d'vn heur fans pareil ie me verray combler,
Si pour mourir pluftoft ie la puis redoubler.

ELVIRE.

Chimene eft au Palais de pleurs toute baignee,
Et n'en reuiendra point que bien accompagnée:
Rodrigue, fuy de grace, ofte moy de foucy,
Que ne dira-t'on point fi l'on te voit icy?
Veux-tu qu'vn médifant l'accufe en fa mifere
D'auoir receu chez foy l'affaffin de fon pere?
Elle va reuenir, elle vient, ie la voy:
Du moins pour fon honneur, Rodrigue, cache toy.

*Il fe ca-
che.*

SCENE II.

D. SANCHE, CHIMENE, ELVIRE.

D. SANCHE

Vy, Madame, il vous faut de fanglan-
tes victimes,
Voftre colere eft iufte, & vos pleurs legi-
times,
Et ie n'entreprends pas à force de parler
Ny de vous adoucir, ny de vous confoler.
Mais fi de vous feruir ie puis eftre capable,
Employez mon effée à punir le coupable,

Employez mon amour à vanger cette mort,
Sous vos commandemens mon bras sera trop fort.

CHIMENE.

Malheureuse!

D. SANCHE.

Madame, acceptez mon seruice.

CHIMENE.

I'offencerois le Roy, qui m'a promis iustice.

D. SANCHE.

Vous sçauez qu'elle marche auec tant de langueur
Que bien souuent le crime eschape à sa longueur.
Son cours lent & douteux fait trop perdre de larmes,
Souffrez qu'vn Cheualier vous vâge par les armes,
La voye en est plus seure, & plus prompte à punir.

CHIMENE.

C'est le dernier remede, & s'il y faut venir,
Et que de mes malheurs cette pitié vous dure,
Vous serez libre alors de vanger mon iniure.

D. SANCHE.

C'est l'vnique bon-heur où mon ame pretend,
Et pouuant l'esperer ie m'en vay trop content.

✦✦✦✦✦✦✦✦✦✦✦✦✦✦✦✦✦✦✦

SCENE III.

CHIMENE, ELVIRE.
CHIMENE.

E N fin ie me vois libre, & ie puis sans
  contrainte
De mes viues douleurs te faire voir
  l'atteinte,
  Ie puis donner passage à mes tristes
soupirs,
Ie puis t'ouurir mon ame, & tous mes déplaisirs.
Mon pere est mort, Eluire, & la premiere espée.
Dont s'est armé Rodrigue a sa trame coupée.
Pleurez, pleurez mes yeux, & fondez vous en eau,
La moitié de ma vie a mis l'autre au tombeau,
Et m'oblige à vanger apres ce coup funeste
Celle que ie n'ay plus sur celle qui me reste.

ELVIRE.
Reposez vous, Madame.

CHIMENE.
     Ah! que mal à propos
Ton aduis importun m'ordonne du repos!

Par où sera iamais mon ame satisfaite
Si ie pleure ma perte, & la main qui l'a faite?
Et que puis-ie esperer qu'vn tourment eternel,
Si ie poursuis vn crime aimant le criminel?

ELVIRE.

Il vous priue d'vn pere, & vous l'aimez encore!

CHIMENE.

C'est peu de dire aimer, Eluire, ie l'adore:
Ma passion s'oppose à mon ressentiment,
Dedans mon ennemy ie trouue mon amant,
Et ie sens qu'en dépit de toute ma colere
Rodrigue dans mon cœur combat encor mon pere.
Il l'attaque, il le presse, il cede, il se defend,
Tantost fort, tantost foible, & tantost triomphant:
Mais en ce dur combat de colere & de flame
Il déchire mon cœur sans partager mon ame,
Et quoy que mon amour ait sur moy du pouuoir
Ie ne consulte point pour suiure mon deuoir,
Ie cours sans balancer où mon honneur m'oblige;
Rodrigue m'est bien cher, son interest m'afflige.
Mon cœur prend son party, mais contre leur effort
Ie sçay que ie suis fille, & que mon pere est mort.

ELVIRE.

Pensez-vous le poursuiure?

CHIMENE.

Ah ! cruelle penfée,
Et cruelle pourfuitte où ie me vois forcée !
Ie demande fa tefte , & crains de l'obtenir,
Ma mort fuiura la fienne , & ie le veux punir.

ELVIRE.

Quittez, quittez, Madame, vn deſſein ſi tragique,
Ne vous impofez point de loy ſi tyrannique.

CHIMENE.

Quoy ? i'auray veu mourir mon pere entre mes bras,
Son fang criera vengeance & ie ne l'auray pas !
Mon cœur honteufement furpris par d'autres char-
   mes
Croira ne luy deuoir que d'impuiſſantes larmes !
Et ie pourray fouffrir qu'vn amour fuborneur
Dans vn lafche filence étouffe mon honneur.

ELVIRE.

Madame croyez-moy, vous ferez excufable
De conferuer pour vous vn homme incomparable,
Vn amant ſi chery, vous auez affez fait,
Vous auez veu le Roy, n'en preſſez point d'effet,
Ne vous obftinez point en cette humeur eftrange.

CHIMENE.

Il y va de ma gloire, il faut que ie me vange,

Et

Et de quoy que nous flatte vn defir amoureux,
Toute excufe eft honteufe aux efprits genereux.

ELVIRE.

Mais vous aimez Rodrigue, il ne vous peut déplaire.

CHIMENE.

Ie l'aduoüe.

ELVIRE.

Apres tout que penfez vous donc faire?

CHIMENE.

Pour conferuer ma gloire, & finir mon ennuy,
Le pourfuiure, le perdre, & mourir apres luy.

SCENE IV.

D. RODRIGVE, CHIMENE, ELVIRE.

D. RODRIGVE.

Et bien, fans vous donner la peine de pourfuiure,
Saoulez vous du plaifir de m'empefcher
de viure.

H

CHIMENE.

Eluire, où sommes-nous ? & qu'est-ce que ie voy ?
Rodrigue en ma maison! Rodrigue deuant moy!

D. RODRIGVE.

N'épargnez point mon sang, goustez sans resistance
La douceur de ma perte, & de vostre vangeance.

CHIMENE.

Helas!

D. RODRIGVE.

Escoute moy.

CHIMENE.

Ie me meurs,

D. RODRIGVE.

Vn moment.

CHIMENE.

Va, laisse-moy mourir.

D. RODRIGVE.

Quatre mots seulement,
Apres ne me respons qu'auecque cette espée.

CHIMENE.

Quoy du sang de mon pere encor toute trempée!

D. RODRIGVE.

Ma Chimene.

CHIMENE.

Oste moy cet obiet odieux
Qui reproche ton crime & ta vie à mes yeux.

D. RODRIGVE.

Regarde le plustost pour exciter ta haine,
Pour croistre ta colere, & pour haster ma peine.

CHIMENE.

Il est teint de mon sang.

D. RODRIGVE.

Plonge-le dans le mien,
Et fay luy perdre ainsi la teinture du tien.

CHIMENE.

Ah quelle cruauté, qui tout en vn iour tuë
Le pere par le fer, la fille par la veuë!
Oste-moy cét obiet, ie ne le puis souffrir,
Tu veux que ie t'écoute & tu me fais mourir,

H ij

D. RODRIGVE.

Ie fay ce que tu veux, mais sans quitter l'enuie
De finir par tes mains ma deplorable vie;
Car enfin n'attends pas de mon affection
Vn lasche repentir d'vne bonne action:
De la main de ton pere vn coup irreparable
Deshonnoroit du mien la vieillesse honorable,
Tu sçais côme vn soufflet touche vn homme de cœur,
I'auois part à l'affront, i'en ay cherché l'auteur,
Ie l'ay veu, i'ay vangé mon honneur & mon pere,
Ie le ferois encor, si i'auois à le faire,
Ce n'est pas qu'en effet contre mon pere & moy
Ma flame assez long têps n'ait combattu pour toy:
Iuge de son pouuoir, dans vne telle offence
I'ay peu douter encore si i'en prendrois vangeance,
Reduit à te deplaire, ou souffrir vn affront,
I'ay retenu ma main, i'ay creu mon bras trop prôpt,
Ie me suis accusé de trop de violence:
Et ta beauté sans doute emportoit la balance,
Si ie n'eusse opposé contre tous tes appas,
Qu'vn homme sans honneur ne te meritoit pas,
Qu'apres m'auoir chery quãd ie viuois sans blasme
Qui m'ayma genereux, me haïroit infame,
Qu'écouter ton amour, obeïr à sa voix,
C'estoit m'en rendre indigne & diffamer ton choix.
Ie te le dis encore, & veux, tant que i'expire,
Sans cesse le penser & sans cesse le dire,

Ie t'ay fait vne offence, & i'ay deu m'y porter,
Pour effacer ma honte & pour te meriter,
Mais quitte enuers l'honneur, & quitte enuers
    mon pere
C'est maintenant à toy que ie viens satisfaire,
C'est pour t'offrir mon sang qu'en ce lieu tu me vois,
I'ay fait ce que i'ay deu, ie fais ce que ie dois.
Ie sçay qu'vn pere mort t'arme contre mon crime,
Ie ne t'ay pas voulu dérober ta victime,
Immole auec courage au sang qu'il a perdu
Celuy qui met sa gloire à l'auoir répandu.

CHIMENE.

Ah Rodrigue! Il est vray, quoy que ton ennemie
Ie ne te puis blasmer d'auoir fuy l'infamie,
Et de quelque façon qu'éclatent mes douleurs,
Ie ne t'accuse point, ie pleure mes malheurs.
Ie sçay ce que l'honneur apres vn tel outrage
Demandoit à l'ardeur d'vn genereux courage,
Tu n'as fait le deuoir que d'vn homme de bien,
Mais aussi le faisant tu m'as apris le mien.
Ta funeste valeur m'instruit par ta victoire;
Elle a vangé ton pere & soustenu ta gloire,
Mesme soin me regarde, & i'ay pour m'affliger,
Ma gloire à soustenir, & mon pere à vanger.
Helas! ton interest icy me desespere.
Si quelque autre malheur m'auoit rauy mon pere,

LE CID,

Mon ame auroit trouué dans le bien de te voir
L'vnique allegement qu'elle euſt peu receuoir,
Et contre ma douleur i'aurois ſenty des charmes
Quand vne main ſi chere euſt eſſuyé mes l'armes.
Mais il me faut te perdre apres l'auoir perdu ;
Et pour mieux tourmenter mon eſprit éperdu,
Auec tant de rigueur mon aſtre me domine,
Qu'il me faut trauailler moy-meſme à ta ruine ;
Car enfin n'attens pas de mon affection
De laſches ſentimens pour ta punition :
De quoy qu'en ta faueur noſtre amour m'entre-
tienne,
Ma generoſité doit reſpondre à la tienne,
Tu t'es en m'offençant monſtré digne de moy,
Ie me dois par ta mort monſtrer digne de toy.

D. RODRIGVE.

Ne differe donc plus ce que l'honneur t'ordonne,
Il demande ma teſte & ie te l'abandonne ;
Fais en vn ſacrifice à ce noble intereſt,
Le coup m'en ſera doux auſſi bien que l'arreſt,
Attendre apres mon crime vne lente iuſtice,
C'eſt reculer ta gloire autant que mon ſupplice,
Ie mourray trop heureux mourant d'vn coup ſi beau.

CHIMENE.

Va, ie ſuis ta partie, & non pas ton bourreau.

Si tu m'offres ta teste, est-ce à moy de la prendre?
Ie la dois attaquer, mais tu dois la défendre,
C'est d'vn autre que toy qu'il me faut l'obtenir,
Et ie dois te pourfuiure & non pas te punir.

D. RODRIGVE.

De quoy qu'en ma faueur nostre amour t'en re-
tienne,
Ta generofité doit respondre à la mienne,
Et pour vanger vn pere emprunter d'autres bras,
Ma Chimene, croy moy, c'est n'y respondre pas :
Ma main feule du mien a fçeu vanger l'offense,
Ta main feule du tien doit prendre la vangeance.

CHIMENE.

Cruel, à quel propos fur ce point t'obfiner?
Tu t'és vangé fans ayde & tu m'en veux donner!
Ie fuiuray ton exemple, & i'ay trop de courage
Pour fouffrir qu'auec toy ma gloire fe partage,
Mon pere & mon honneur ne veulent rien deuoir
Aux traits de ton amour, ny de ton defespoir.

D. RODRIGVE.

Rigoureux point d'hōneur? helas! quoy que ie faffe
Ne pourray-ie à la fin obtenir cette grace?
Au nom d'vn pere mort, ou de nostre amitié,
Puny moy par vangeance, ou du moins par pitié.

Ton malheureux amant aura bien moins de peine
A mourir par ta main, qu'à viure auec ta haine.

CHIMENE.

Va, ie ne te hay point.

D. RODRIGVE.

Tu le dois.

CHIMENE.

Ie ne puis.

D. RODRIGVE.

Crains-tu si peu de blasme, & si peu les faux bruits?
Quand on sçaura mon crime, & que ta flame dure
Que ne publieront point l'enuie & l'imposture?
Force-les au silence, & sans plus discourir,
Sauue ta renommée en me faisant mourir.

CHIMENE.

Elle éclate bien mieux en te laissant en vie,
Et je veux que la voix de la plus noire enuie
Esleue au Ciel ma gloire, & plaigne mes ennuis,
Sçachant que ie l'adore & que ie te poursuis.

Va-t'en , ne monstre plus à ma douleur extréme
Ce qu'il faut que ie perde , encore que ie l'ayme,
Dans l'ombre de la nuit cache bien ton depart,
Si l'on te voit sortir , mon honneur court hazard,
La seule occasion qu'aura la medisance
C'est de sçauoir qu'icy i'ay souffert ta presence,
Ne luy donne point lieu d'attaquer ma vertu.

D. RODRIGVE.

Que ie meure.

CHIMENE.

Vat'en.

D. RODRIGVE.

A quoy te resous-tu?

CHIMENE.

Malgré des feux si beaux qui rompent ma colere,
Ie feray mon possible à bien vanger mon pere,
Mais malgré la rigueur d'vn si cruel deuoir,
Mon vnique souhait est de ne rien pouuoir.

D. RODRIGVE.

O miracle d'amour!

CHIMENE.

Mais comble de miseres.

I

D. RODRIGVE.

Que de maux & de pleurs nous cousterõt nos peres!

CHIMENE.

Rodrigue, qui l'eust creu!

D. RODRIGVE.

Chimene, qui l'eust dit!

CHIMENE.

Que nostre heur fust si proche & si tost se perdist!

D. RODRIGVE.

Et que si prés du port, contre toute apparence,
Vn orage si prompt brisast nostre esperance,

CHIMENE.

Ah, mortelles douleurs!

D. RODRIGVE.

Ah, regrets superflus!

CHIMENE.

Va t'en, encore vn coup, ie ne t'écoute plus.

D. RODRIGVE.

Adieu, ie vay traîner vne mourante vie,
Tant que par ta pourſuite elle me ſoit rauie.

CHIMENE.

Si i'en obtiens l'effet, ie te donne ma foy,
De ne reſpirer pas vn moment aprés toy.
Adieu, ſors, & ſur tout garde bien qu'on te voye.

ELVIRE.

Madame, quelques maux que le Ciel nous enuoye,

CHIMENE.

Ne m'importune plus, laiſſe moy ſoupirer,
Ie cherche le ſilence, & la nuit pour pleurer.

SCENE V.

D. DIEGVE ſeul.

Iamais nous ne gouſtons de parfaite
allegreſſe,
Nos plus heureux ſuccés ſont meſlez
de triſteſſe,
Touſiours quelques ſouci en ces éuenemens
Troublent la pureté de nos contentemens:

I ij

Au milieu du bon-heur mon ame en sent l'atteinte,
Ie nage dans la joye, & ie tremble de crainte,
I'ay veu mort l'ennemy qui m'auoit outragé,
Et ie ne sçaurois voir la main qui m'a vangé,
En vain ie m'y trauaille & d'vn soin inutile
Tout cassé que ie suis ie cours toute la ville,
Si peu que mes vieux ans m'ont laissé de vigueur,
Se consomme sans fruit à chercher ce vainqueur.
A toute heure, en tous lieux, dãs vne nuit si sombre,
Ie pense l'embrasser, & n'embrasse qu'vne ombre,
Et mon amour deceu par cet objet trompeur,
Se forme des soupçons qui redoublent ma peur,
Ie ne descouure point de marques de sa suitte,
Ie crains du Comte mort les amis & la suitte;
Leur ombre m'épouuente & confond ma raison,
Rodrigue ne vit plus, ou respire en prison.
Iustes Cieux! me trompay-je encore à l'apparence,
Ou si ie vois enfin mon vnique esperance?
C'est luy, n'en doutõs plus, mes vœux sont exaucez;
Ma crainte est dissipée, & mes ennuis cessez.

SCENE VI.

D. DIEGVE, D. RODRIGVE.

D. DIEGVE.

Rodrigue, enfin le Ciel permet que ie te voye!

D. RODRIGVE.

Helas!

D. DIEGVE.

Ne mesle point de soupirs à ma joye;
Laisse moy prendre haleine afin de te loüer,
Ma valeur n'a point lieu de te desaduoüer,
Tu l'as bien imitée, & ton illustre audace
Fait bien reuiure en toy les Heros de ma race;
C'est d'eux que tu descēds, c'est de moy que tu viens,
Ton premier coup d'espée égale tous les miens,
Et d'vne belle ardeur ta ieunesse animée
Par cette grande épreuue atteint ma renommée.
Appuy de ma vieillesse, & comble de mon heur,
Touche ces cheueux blancs à qui tu rends l'honneur,

I iij

Vien baiser cette ioüe, & recognoy la place
Où fut jadis l'affront que ton courage efface.

D. RODRIGVE.

L'honneur vous en est deu, les Cieux me sont témoins
Qu'estant sorty de vous ie ne pouuois pas moins,
Ie me tiens trop heureux, & mon ame est rauie
Que mon coup d'essay plaise à qui ie dois la vie:
Mais parmy vos plaisirs ne soyez point ialoux:
Si i'ose satisfaire à moy-mesme aprés vous;
Souffrez qu'en liberté mon desespoir éclate,
Assez & trop long-temps vostre discours le flate,
Ie ne me repens point de vous auoir seruy,
Mais rendez moy le bien que ce coup m'a rauy,
Mon bras pour vous vanger armé contre ma flame
Par ce coup glorieux m'a priué de mon ame,
Ne me dites plus rien, pour vous i'ay tout perdu,
Ce que ie vous deuois, ie vous l'ay bien rendu.

D. DIEGVE.

Porte encore plus haut le fruict de ta victoire,
Ie t'ay donné la vie, & tu me rends ma gloire,
Et d'autãt que l'honneur m'est plus cher que le iour,
D'autant plus maintenant ie te dois de retour,
Mais d'vn si braue cœur esloigne ces foiblesses,
Nous n'auõs qu'vn hõneur, il est tãt de maistresses,
L'amour n'est qu'vn plaisir, & l'honneur vn deuoir.

TRAGI-COMEDIE,

D. RODRIGVE.

Ha que me dites vous?

D. DIEGVE.

Ce que tu dois sçauoir.

D. RODRIGVE.

Mon honneur offensé sur moy-mesme se vange,
Et vous m'osez pousser à la honte du change!
L'infamie est pareille, & suit esgalement
Le guerrier sans courage & le perfide amant.
A ma fidelité ne faites point d'iniure,
Souffrez moy genereux sans me rendre pariure,
Mes liens sont trop forts pour estre ainsi rompus,
Ma foy m'engage encor si ie n'espere plus,
Et ne pouuant quitter ny posseder Chimene,
Le trespas que ie cherche est ma plus douce peine.

D. DIEGVE.

Il n'est pas temps encor de chercher le trespas,
Ton Prince & ton pays ont besoin de ton bras.
La flotte qu'on craignoit dãs ce grand fleuue entrée
Vient surprendre la ville & piller la contrée,
Les Mores vont descendre & le flux & la nuit
Dans vne heure à nos murs les ameine sans bruit,
La Cour est en desordre & le peuple en alarmes,
On n'entend que des cris, on ne voit que des larmes,

Dans ce malheur public mon bon-heur a permis
Que i'ay trouué chez moy cinq cens de mes amis,
Qui sçachant mon affront poussez d'vn mesme zele
Venoient m'offrir leur vie à vanger ma querelle.
Tu les a preuenus, mais leurs vaillantes mains
Se tremperont bien mieux au sang des Africains,
Va marcher à leur teste où l'honneur te demande,
C'est toy que veut pour Chef léur genereuse bande:
De ces vieux ennemis va soustenir l'abord,
Là, si tu veux mourir, trouue vne belle mort,
Prends-en l'occasion puisqu'elle t'est offerte,
Fay deuoir à ton Roy son salut à ta perte.
Mais reuiens en pluſtoſt les palmes sur le front,
Ne borne pas ta gloire à vanger vn affront,
Pousse-la plus auant, force par ta vaillance
La iuſtice au pardon & Chimene au silence;
Si tu l'aimes, apprends que retourner vainqueur
C'est l'vnique moyen de regaigner son cœur.
Mais le temps eſt trop cher pour le perdre en paroles,
Ie t'arreſte en discours, & ie veux que tu voles,
Vien suy moy, va combatre, & montrer à ton Roy
Que ce qu'il perd au Comte, il le recouure en toy.

Fin du Troisiesme Acte.

ACTE IV.
SCENE PREMIERE.
CHIMENE, ELVIRE,

CHIMENE.

Est-ce point vn faux bruit? le sçais-tu
bien Elvire?

ELVIRE.

Vous ne croiriez iamais comme chacun l'admire,
Et porte iusqu'au Ciel d'vne commune voix
De ce ieune Heros les glorieux exploits.
Les Mores deuant luy n'ont paru qu'à leur honte,
Leur abord fut bien prompt, leur fuite encor plus
* prompte,*
Trois heures de combat laissent à nos guerriers
Vne victoire entiere, & deux Roys prisonniers,
La valeur de leur chef ne trouuoit point d'obstacles.

CHIMENE.

Et la main de Rodrigue a fait tous ces miracles?

K

ELVIRE.

De ses nobles efforts ces deux Roys sont le prix,
Sa main les a vaincus, & sa main les a pris.

CHIMENE.

De qui peux-tu sçauoir ces nouuelles estranges?

ELVIRE.

Du peuple qui par tout fait sonner ses loüanges,
Le nomme de sa ioye, & l'obiet, & l'autheur,
Son Ange tutelaire, & son liberateur.

CHIMENE.

Et le Roy, de quel œil voit il tant de vaillance?

ELVIRE.

Rodrigue n'ose encor paroistre en sa presence,
Mais Don Diegue rauy luy presente enchainez
Au nom de ce vainqueur ces captifs couronnez,
Et demande pour grace à ce genereux Prince
Qu'il daigne voir la main qui sauue sa Prouince.

CHIMENE.

Mais n'est-il point blessé?

ELVIRE.

Ie n'en ay rien appris.
Vous changez de couleur, reprenez vos esprits.

CHIMENE.

Reprenons donc aussi ma colere affoiblie.
Pour auoir soin de luy faut-il que ie m'oublie?
On le vante, on le loüe, & mon cœur y consent!
Mon honneur est muet, mon deuoir impuissant!
Silence mon amour, laisse agir ma colere,
S'il a vaincu deux Roys, il a tué mon pere,
Ces tristes vestemens ou ie lis mon malheur
Sont les premiers effets qu'ait produit sa valeur,
Et combien que pour luy tout vn peuple s'anime,
Icy tous les objets me parlent de son crime.
Vous qui rendez la force à mes ressentimens,
Voile, crespes, habits, lugubres ornemens,
Pompe, ou m'enseuelit sa premiere victoire,
Contre ma passion soustenez bien ma gloire,
Et lors que mon amour prendra plus de pouuoir
Parlez à mon esprit de mon triste deuoir,
Attaquez sans rien craindre vne main triom-
    phante.

ELVIRE.

Moderez ces transports, voicy venir l'Infante.

K ij

SCENE II.

L'INFANTE, CHIMENE,
LEONOR, ELVIRE.

L'INFANTE.

E ne viens pas icy confoler tes douleurs,
Ie viens pruftoft mefler mes fouspirs à tes
pleurs.

CHIMENE.

Prenez bien pluftoft part à la commune ioye,
Et gouftez le bon heur que le Ciel vous enuoye:
Madame autre que moy n'a droit de fouspirer,
Le peril dont Rodrigue, a fçeu vous retirer,
Et le falut public que vous rendent fes armes,
A moy feul auiourd huy permet encor les larmes;
Il a fauué la ville, il a feruy fon Roy,
Et fon bras valeureux n'eft funefte qu'à moy.

L'INFANTE.

Ma Chimene il eft vray qu'il a fait des merueilles.

CHIMENE.

Defia ce bruit fafcheux a frappé mes oreilles,
Et ie l'entens par tout publier hautement
Auſſi braue guerrier que malheureux amant.

L'INFANTE.

Qu'a de fafcheux pour toy ce difcours populaire?
Ce ieune Mars qu'il loüe a ſceu iadis te plaire,
Il poſſedoit ton ame, il viuoit ſoubs tes loix,
Et vanter ſa valeur c'eſt honorer ton choix.

CHIMENE.

I'accorde que chacun la vante auec iuſtice,
Mais pour moy ſa loüange eſt vn nouueau ſupplice,
On aigrit ma douleur en l'éleuant ſi haut,
Ie voy ce que ie perds, quand ie voy ce qu'il vaut.
Ah cruels déplaiſirs à l'eſprit d'vn amante !
Plus i'appréd ſon merite, & plus mõ feu s'augmẽte,
Cependant mon deuoir eſt touſiours le plus fort,
Et malgré mon amour va pourſuiure ſa mort.

L'INFANTE.

Hier ce deuoir te mit en vne haute eſtime,
L'effort que tu te fis parut ſi magnanime:
Si digne d'vn grand cœur, que chacun à la Cour
Admiroit ton courage & plaignoit ton amour.
Mais croirois tu l'aduis d'vne amitié fidelle?

CHIMENE.

Ne vous obeïr pas me rendroit criminelle.

L'INFANTE.

Ce qui fut bon alors ne l'est plus auiourd'huy,
Rodrigue maintenant est nostre vnique appuy,
L'esperance & l'amour d'vn peuple qui l'adore,
Le soustien de Castille & la terreur du More,
Ses faits nous ont rendu ce qu'ils nous ont osté,
Et ton pere en luy seul se voit ressuscité,
Et si tu veux enfin qu'en deux mots ie m'explique,
Tu poursuis en sa mort la ruïne publique,
Quoy? pour vanger vn pere est il iamais permis
De liurer sa patrie aux mains des ennemis?
Contre nous ta poursuite est elle legitime?
Et pour estre punis auons nous part au crime?
Ce n'est pas qu'apres tout tu doiues espouser
Celuy qu'vn pere mort t'obligeoit d'accuser,
Ie te voudrois moy-mesme en arracher l'enuie,
Oste luy ton amour, mais laisse nous sa vie.

CHIMENE.

Ah! Madame, souffrez qu'auecque liberté
Ie pousse iusqu'au bout ma generosité.
Quoy que mon cœur pour luy contre moy s'interesse,
Quoy qu'vn peuple l'adore, & qu'vn Roy le caresse,
Qu'il soit enuironné des plus vaillants guerriers,
I'iray sous mes Cyprés accabler ses lauriers.

L'INFANTE.

C'est generosité, quand pour vanger vn pere
Nostre deuoir attaque vne teste si chere:
Mais c'en est vne encor d'vn plus illustre rang,
Quand on donne au public les interests du sang,
Non, croy moy, c'est assez que d'esteindre ta flame,
Il sera trop puny s'il n'est plus dans ton ame;
Que le bien du pays t'impose cette loy;
Aussi bien que crois-tu que t'accorde le Roy?

CHIMENE.

Il peut me refuser, mais ie ne me puis taire.

L'INFANTE.

Pense bien ma Chimere, à ce que tu veux faire,
Adieu, tu pourras seule y songer à loisir.

CHIMENE.

Apres mon pere mort ie n'ay point à choisir.

SCENE III.

LE ROY, D. DIEGVE, D. ARIAS, D. RODRIGVE, D. SANCHE.

LE ROY.

Enereux heritiers d'vne illustre famille,
Qui fut tousiours la gloire & l'appuy de
Castile,
Race de tant d'ayeux en valeur signa-
lez,
Que l'essay de la tienne a si tost egalez,
Pour te recompenser ma force est trop petite,
Et i'ay moins de pouuoir que tu n'as de merite.
Le pays deliuré d'vn si rude ennemy,
Mon sceptre dans ma main par la tienne affermy,
Et les Mores deffaits auant qu'en ces allarmes
I'eusse peu donner ordre à repousser leurs armes,
Ne sont point des exploits qui laissent à ton Roy
Le moyen ny l'espoir de s'acquitter vers toy.
Mais deux Roys, tes captifs seront ta recompense,
Ils t'ont nommé tous deux leur Cid en ma presence,
Puisque Cid en leur langue est autãt que Seigneur,
Ie ne t'enuieray pas ce beau tiltre d'honneur.

Sois

Sois deſormais le Cid, qu'à ce grand nom tout cede,
Qu'il deuienne l'effroy de Grenade & Tolede,
Et qu'il m'āque à tous ceux qui viuēt ſous mes loix,
Et ce que tu me vaux & ce que ie te dois.

D. RODRIGVE.

Que voſtre Maieſté, Sire, eſpargne ma honte,
D'vn ſi foible ſeruice elle fait trop de conte,
Et me force à rougir deuant vn ſi grand Roy
De meriter ſi peu l'honneur que i'en reçoy.
Ie ſçay trop que ie dois au bien de voſtre Empire
Et le ſang qui m'anime & l'air que ie reſpire,
Et quand ie les perdray pour vn ſi digne obiet,
Ie feray ſeulement le deuoir d'vn ſubiet.

LE ROY.

Tous ceux que ce deuoir à mon ſeruice engage
Ne s'en acquitent pas auec meſme courage,
Et lors que la valeur ne va point dans l'excés,
Elle ne produit point de ſi rares ſuccés.
Souffre donc qu'on te loüe, & de cette victoire
Appren-moy plus au long la veritable hiſtoire.

D. RODRIGVE.

Sire, vous auez ſçeu qu'en ce danger preſſant
Qui ietta dans la ville vn effroy ſi puiſſant,
Vne troupe d'amis chez mon pere aſſemblée
Sollicita mon ame encor toute troublée.

L.

Mais, Sire pardonnez à ma temerité,
Si i'ose l'employer sans vostre authorité;
Le peril approchoit, leur brigade estoit preste,
Et parestre à la Cour, eust hazardé ma teste,
Qu'à defendre l'Estat i'aimois bien mieux donner,
Qu'aux plaintes de Chimene ainsi l'abandonner.

LE ROY.

I'excuse ta chaleur à venger ton offense,
Et l'Estat deffendu me parle en ta deffense:
Croy que d'oresnauant Chimene a beau parler,
Ie ne l'escoute plus que pour la consoler.
Mais poursuy.

D. RODRIGVE.

Sous moy donc cette troupe s'auance,
Et porte sur le front vne masle asseurance:
Nous partismes cinq cens, mais par vn prompt reffort
Nous nous vismes trois mille en arriuant au port,
Tant à nous voir marcher en si bon equipage
Les plus épouuantez, reprenoient le courage,
I'en cache les deux tiers, aussi-tost qu'arriuez,
Dans le fonds des vaisseaux qui lors furét trouuez.
Le reste, dont le nombre augmentoit à toute heure,
Bruslant d'impatience autour de moy demeure,
Se couche contre terre, & san' faire aucun bruit,
Passe vne bonne part d'vne si belle nuit.

Par mon commandement la garde en fait de mesme,
Et se tenant cachée aide à mon stratagéme,
Et ie feins hardiment d'auoir receu de vous
L'ordre qu'on me voit suiure, & que ie donne à tous.
Cette obscure clarté qui tombe des estoiles
Enfin auec le flux nous fit voir trente voiles,
L'onde s'enfloit dessous, & d'vn commun effort
Les Mores, & la mer entrerent dans le port.
On les laisse passer, tout leur paroist tranquille,
Point de soldats au port, point aux murs de la ville,
Nostre profond silence abusant leurs esprits
Ils n'osent plus douter de nous auoir surpris,
Ils abordent sans peur, ils anchrent, ils descendent,
Et courent se liurer aux mains qui les attendent:
Nous nous leuons alors & tous en mesme temps,
Poussons iusques au Ciel mille cris éclatans,
Les nostres au signal de nos vaisseaux respondent,
Ils paroissent armez, les Mores se confondent,
L'espouuente les prend à demy descendus,
Auant que de combatre ils s'estiment perdus,
Ils couroient au pillage, & rencontrent la guerre,
Nous les pressâs sur l'eau, nous les pressons sur terre,
Et nous faisons courir des ruisseaux de leur sang
Auant qu'aucun resiste, ou reprenne son rang.
Mais bien tost malgré nous leurs Princes les ralliët,
Leur courage renaist, & leurs terreurs s'oublient,
La honte de mourir sans auoir combatu
Restablit leur desordre, & leur rend leur vertu:

Contre nous de pied ferme ils tirent les épées,
Des plus braues soldats les trames sont coupées,
Et la terre, & le fleuue, & leur flotte, & le port
Sont les champs de carnage où triomphe la mort.
O combien d'actions, combien d'exploits celebres,
Furent enseuelis dans l'horreur des tenebres,
Où chacu seul témoin des grãds coups qu'il dõnoit,
Ne pouuoit discerner où le sort inclinoit :
I'allois de tous costez encourager les nostres,
Faire auancer les vns, & soustenir les autres,
Ranger ceux qui venoient, les pousser à leur tour,
Et n'en pûs rien sçauoir iusques au point du iour.
Mais enfin sa clarté monstra nostre aduantage,
Le More vit sa perte & perdit le courage,
Et voyant vn renfort qui nous vint secourir
Change l'ardeur de vaincre à la peur de mourir,
Ils gaignẽt leurs vaisseaux, ils en coupẽt les chables,
Nous laissent pour Adieux des cris espouuentables,
Font retraitte en tumulte, & sans considerer
Si leurs Rois auec eux ont peu se retirer.
Ainsi leur deuoir cede à la frayeur plus forte,
Le flux les apporta, le reflux les emporte,
Cependant que leurs Rois engagez parmy nous,
Et quelque peu des leurs tous percez de nos coups,
Disputent vaillamment & vendent bien leur vie,
A se rendre moy mesme en vain ie les conuie,
Le cimeterre au poing ils ne m'escoutent pas :

Mais voyant à leurs pieds tōber tous leurs soldats,
Et que seuls desormais en vain ils se defendent,
Ils demandent le Chef : ie me nomme, ils se rendent,
Ie vous les enuoyay tous deux en mesme temps,
Et le combat cessa faute de combattans.
C'est de cette façon que pour vostre seruice

SCENE IV.

LE ROY, D. DIEGVE,
D. RODRIGVE, D. ARIAS,
D. ALONSE, D. SANCHE.

D. ALONSE,

Ire, Chimene vient vous demander justice. *Don Rodrigue r'entre*

LE ROY.

La fascheuse nouuelle, & l'importun deuoir
Va, ie ne la veux pas obliger à te voir,
Pour tous remercimens il faut que ie te chasse :
Mais auant que sortir, vien que tō Roy t'embrasse,

D. DIEGVE.

Chimene le poursuit, & voudroit le sauuer.

L iij

LE ROY.

On m'a dit qu'elle l'aime, & ie vay l'esprouuer,
Contrefaites le triste.

SCENE V.

LE ROY, D. DIEGVE, D. ARIAS,
D. SANCHE, D. ALONSE,
CHIMENE, ELVIRE.

LE ROY.

En fin soyez contente,
Chimene, le succez respond à vostre attente,
Si de nos ennemis Rodrigue a le dessus,
Il est mort à nos yeux des coups qu'il a receus,
Rendez graces au Ciel qui vous en a vangée,
Voyez comme desia sa couleur est changée.

D. DIEGVE.

Mais voyez qu'elle pasme, & d'vn amour parfait,
Dans cette pasmoison, Sire, admirez l'effet,
Sa douleur a trahy les secrets de son ame,
Et ne vous permet plus de douter de sa flame.

CHIMENE.

Quoy? Rodrique est donc mort?

LE ROY.

Non, non, il voit le iour,
Et te conserue encor vn immuable amour,
Tu le possederas, reprends ton allegresse.

CHIMENE.

Sire, on pasme de ioye, ainsi que de tristesse,
Vn excez de plaisir nous rend tous languissants,
Et quand il surprend l'ame, il accable les sens.

LE ROY.

Tu veux qu'en ta faueur nous croyons l'impossible,
Ta tristesse, Chimene, a paru trop visible.

CHIMENE.

Et bien, Sire, adioustez ce comble à mes malheurs,
Nommez ma pasmoison l'effet de mes douleurs,
Vn iuste déplaisir à ce point m'a reduite;
Son trépas desroboit sa teste à ma poursuite,
S'il meurt des coups receus pour le bien du pays,
Ma vengeance est perduë & mes desseins trahis,
Vne si belle fin m'est trop iniurieuse,
Ie demande sa mort, mais non pas glorieuse,
Non pas dans vn esclat qui l'esleue si haut,

Non pas au lit d'honneur, mais sur vn eschaffaut?
Qu'il meure pour mon pere, & non pour la patrie,
Que son nom soit taché, sa memoire flestrie;
Mourir pour le pays n'est pas vn triste sort,
C'est s'immortaliser par vne belle mort.
I'ayme donc sa victoire, & ie le puis sans crime,
Elle asseure l'Estat, & me rend ma victime,
Mais noble, mais fameuse entre tous les guerriers,
Le chef au lieu de fleurs couronné de lauriers,
Et pour dire en vn mot ce que i'en considere,
Digne d'estre immolée aux Manes de mon pere:
Helas! à quel espoir me laissay-ie emporter!
Rodrigue de ma part n'a rien à redouter,
Que pourroient contre luy des larmes qu'õ mesprise?
Pour luy tout vostre Empire est vn lieu de frãchise,
Là sous vostre pouuoir tout luy deuient permis,
Il triomphe de moy, comme des ennemis,
Dans leur sang respandu la iustice estouffée;
Aux crimes du vainqueur sert d'vn nouueau tro-
　　phée,
Nous en croissons la pompe & le mespris des loix
Nous fait suiure son char au milieu de deux Roys.

LE ROY.

Ma fille, ces transports ont trop de violence,
Quand on rend la iustice on met tout en balance:
On a tué ton pere, il estoit l'agresseur,
Et la mesme équité m'ordonne la douceur.

Auant

Auant que d'accufer ce que i'en fais pareftre,
Confulte bien ton cœur, Rodrigue eneft le maiftre,
Et ta flamme en fecret rend graces à ton Roy
Dont la faueur conferue vn tel amant pour toy.

CHIMENE.

Pour moy mon ennemy! l'obiet de ma colere!
L'autheur de mes malheurs l'affaſſin de mon pere,
De ma iuſte pourſuitte on fait ſi peu de cas
Qu'on me croit obliger en ne m'eſcoutant pas!
Puiſque vous refuſez la iuſtice a mes larmes,
Sire, permettez moy de recourir aux armes,
C'eſt par là ſeulement qu'il a ſçeu m'outrager,
Et c'eſt auſſi par là que ie me dois vanger,
Atous vos Cheualiers ie demande ſa teſte,
Ouy qu'vn d'eux me l'apporte, & ie ſuis ſa cōqueſte;
Qu'ils le combatent, Sire, & le combat finy
I'eſpouſe le vainqueur ſi Rodrigue eſt puny.
Sous voſtre authorité ſouffrez qu'on le publie.

LE ROY:

Ceſte vieille couſtume en ces lieux eſtablie
Sous couleur de punir vn iniuſte attentat
Des meilleurs combattans affoiblit vn Eſtat.
Souuent de cét abus le ſuccés deplorable
Opprime l'innocent & ſouſtient le coupable.
I'en diſpenſe Rodrigue, il m'eſt trop precieux
Pour l'expoſer aux coups d'vn ſort capricieux,

M.

Et quoy qu' ait peu cōmettre vn cœur si magnanime
Les Mores en fuyans ont emporté son crime.

D. DIEGVE.

Quoy, Sire ! pour luy seul vous renuersez des loix
Qu'a veu toute la Cour obseruer tant de fois !
Que croira vostre peuple, & que dira l'enuie
Si sous vostre deffence il mesnage sa vie,
Et s'en sert d'vn pretexte à ne paroistre pas
Ou tous les gens d'hōneur cherchēt vn beau trespas ?
Sire, ostez ces faueurs qui terniroient sa gloire,
Qu'il gouste sans rougir les fruits de sa victoire,
Le Comte eut de l'audace, il l'en a sceu punir,
Il l'a fait en braue homme, & le doit soustenir.

LE ROY.

Puisque vous le voulez, i'accorde qu'il le fasse,
Mais d'vn guerrier vaincu mille prēdroiēt la place,
Et le prix que Chimene au vainqueur a promis
De tous mes Cheualiers feroit ses ennemis :
L'opposer seul à tous seroit trop d'iniustice,
Il suffit qu'vne fois il entre dans la lice,
Choisy qui tu voudras, Chimene, & choisy bien,
Mais apres ce combat ne demande plus rien.

D. DIEGVE.

N'excusez point par là ceux que son bras estonne,
Laissez vn camp ouuert où n'entrera personne.

Apres ce que Rodrigue a fait voir auiourd'huy,
Quel courage assez vain s'oseroit prendre à luy?
Qui se hazarderoit contre vn tel aduersaire?
Qui seroit ce vaillant, ou bien ce temeraire?

D. SANCHE.

Faites ouurir le camp, vous voyez l'assaillant,
Ie suis ce temeraire, ou pluftost ce vaillant.
Accordez cette grace à l'ardeur qui me presse,
Madame, vous sçauez quelle est vostre promesse.

LE ROY.

Chimene remets-tu ta querelle en sa main?

CHIMENE.

Sire, ie l'ay promis.

LE ROY.

Soyez prest à demain.

D. DIEGVE.

Non, Sire, il ne faut pas differer dauantage,
On est tousiours trop prest quand on a du courage.

LE ROY.

Sortir d'vne bataille & combattre à l'instant?

D. DIEGVE.

Rodrigue a pris haleine en vous la racontant.

M ij

LE CID,

LE ROY.

Du moins vne heure ou deux, ie veux qu'il se de-
    lasse.
Mais de peur qu'en exemple vn tel cõbat ne passe,
Pour tesmoigner à tous, qu'à regret ie permets
Vn sanglant procedé qui ne me pleut iamais,
De moy, ny de ma Cour il n'aura la presence.
Il parle à Don Arias. *Vous seul des combattans iugerez la vaillance:*
Ayez soin que tous deux fassent en gens de cœur,
Et le combat finy m'amenez le vainqueur.
Quel qu'il soit, mesme prix est acquis à sa peine,
Ie le veux de ma main presenter à Chimene,
Et que pour recompence il reçoiue sa foy.

CHIMENE.

Sire, c'est me donner vne trop dure loy.

LE ROY

Tu t'en plains, mais ton feu loing d'aduoüer ta
    plainte,
Si Rodrigue est vainqueur, l'accepte sans cõtrainte,
Cesse de murmurer contre vn arrest si doux.
Qui que ce soit des deux, i'en feray ton espoux.

Fin du quatriesme Acte.

ACTE V.

SCENE PREMIERE.

D. RODRIGVE, CHIMENE.

CHIMENE.

Voy, Rodrigue, en plein iour! d'ou te
vient cette audace?
Va, tu me perds d'honneur, retire toy,
de grace.

D. RODRIGVE.

Ie vay mourir, Madame, & vous viens en ce lieu,
Auant ce coup mortel, dire vn dernier Adieu,
Mon amour vous le doit, & mon cœur qui souspire
N'ose sans vostre adueu sortir de vostre Empire.

CHIMENE.

Tu vas mourir!

D. RODRIGVE.

I'y cours, & le Comte est vangé,
Aussi-tost que de vous i'en auray le congé.

M. iij

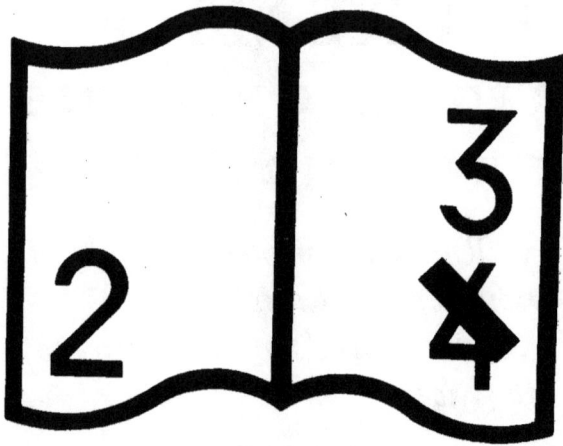

Pagination incorrecte — date incorrecte

NF Z 43-120-12

LE CID,

LE ROY.

Du moins vne heure ou deux, ie veux qu'il se de-
    lasse.
Mais de peur qu'en exemple vn tel cõbat ne passe,
Pour tesmoigner à tous, qu'à regret ie permets
Vn sanglant procedé qui ne me pleut iamais,
De moy, ny de ma Cour il n'aura la presence.
Il parle à Don Arias. Vous seul des combattans iugerez la vaillance:
Ayez soin que tous deux fassent en gens de cœur,
Et le combat finy m'amenez le vainqueur.
Quel qu'il soit, mesme prix est acquis à sa peine,
Ie le veux de ma main presenter à Chimene,
Et que pour recompence il reçoiue sa foy.

CHIMENE.

Sire, c'est me donner vne trop dure loy.

LE ROY.

Tu t'en plains, mais ton feu loing d'aduoüer ta
    plainte,
Si Rodrigue est vainqueur, l'accepte sans cõtrainte,
Cesse de murmurer contre vn arrest si doux.
Qui que ce soit des deux, i'en feray ton espoux.

Fin du quatriesme Acte.

ACTE V.

SCENE PREMIERE.

D. RODRIGVE, CHIMENE.

CHIMENE.

Voy, Rodrigue, en plein iour! d'ou te
vient cette audace?
Va, tu me perds d'honneur, retire toy,
de grace.

D. RODRIGVE.

Ie vay mourir, Madame, & vous viens en ce lieu,
Auant ce coup mortel, dire vn dernier Adieu,
Mon amour vous le doit, & mon cœur qui souspire
N'ose sans vostre adueu sortir de vostre Empire.

CHIMENE.

Tu vas mourir!

D. RODRIGVE.

I'y cours, & le Comte est vangé,
Aussi-tost que de vous i'en auray le congé.

M. iij

CHIMENE.

Tu vas mourir! Don Sanche est-il si redoutable,
Qu'il donne l'espouuante à ce cœur indomptable?
Qui t'a rendu si foible, ou qui le rend si fort?
Rodrigue va combatre, & se croit desia mort!
Celuy qui n'a pas craint les Mores, ny mon pere,
Va combatre Don Sanche, & desia desespere!
Ainsi donc au besoin ton courage s'abat?

D. RODRIGVE.

Ie cours à mon supplice, & non pas au combat,
Et ma fidele ardeur sçait bien m'oster l'enuie,
Quãd vous cherchez ma mort, de defendre ma vie.
I'ay toûjours méme cœur, mais ie n'ay point de bras
Quand il faut conseruer ce qui ne vous plaist pas,
Et desia cette nuit m'auroit-esté mortelle
Si i'eusse combattu pour ma seule querelle!
Mais defendant mon Roy, son peuple & le pays,
A me defendre mal ie les aurois trahis,
Mon esprit genereux ne hait pas tant la vie
Qu'il en veuille sortir par vne perfidie.
Maintenant qu'il s'agit de mon seul interest,
Vous demandez ma mort, i'en accepte l'arrest;
Vostre ressentiment choisit la main d'vn autre,
Ie ne meritois pas de mourir de la vostre;
On ne me verra point en repousser les coups.
Ie dois plus de respect à qui combat pour vous,

Et rauy de penser que c'eſt de vous qu'ils viennent,
Puiſque c'eſt voſtre honeur que ſes armes ſoûtiénēt,
Ie luy vay preſenter mon eſtomac ouuert,
Adorant en ſa main la voſtre qui me perd.

CHIMENE.

Si d'vn triſte deuoir la iuſte violence,
Qui me fait malgré moy pourſuiure ta vaillance,
Preſcrit à ton amour vne ſi forte loy
Qu'il te rend ſans deffenſe à qui combat pour moy:
En cet aueuglement ne perds pas la memoire,
Qu'ainſi que de ta vie, il y va de ta gloire,
Et que dās quelque eſclat que Rodrigue ait veſcu
Quand on le ſcaura mort, on le croira vaincu.
L'honneur te fut plus cher que ie ne te ſuis chere,
Puis qu'il trempa tes mains dās le ſang de mō pere,
Et te fit renoncer malgré ta paſſion
A l'eſpoir le plus doux de ma poſſeſſion:
Ie t'en voy cependant faire ſi peu de comte
Que ſans rendre combat tu veux qu'on te ſurmonte.
Quelle inegalité rauale ta vertu?
Pourquoy ne l'as-tu plus, ou pourquoy l'auois-tu?
Quoy? n'es tu genereux que pour me faire outrage?
S'il ne faut m'offencer n'as-tu point de courage?
Et traites-tu mon pere auec tant de rigueur
Qu'apres l'auoir vaincu tu ſouffres vn vainqueur?
Non, ſans vouloir mourir laiſſe moy te pourſuiure,
Et deffends ton honneur ſi tu ne veux plus viure.

D. RODRIGVE.

Apres la mort du Comte, & les Mores deffaits,
Mon honneur appuyé sur de si grands effets
Contre vn autre ennemy n'a plus à se defendre:
On sçait que mon courage ose tout entreprendre,
Que ma valeur peut tout, & que deffous les Cieux,
Quand mon honneur y va, rien ne m'est precieux.
Non, nõ, en ce cõbat, quoy que vous veuilliez croire,
Rodrigue peut mourir sans hazarder sa gloire,
Sans qu'on l'ose accuser d'auoir manqué de cœur,
Sans passer pour vaincu sans souffrir vn vainqueur.
On dira seulement, il adoroit Chimene,
Il n'a pas voulu viure & meriter sa haine.
Il a cedé luy-mesme à la rigueur du sort
Qui forçoit sa maistresse a poursuiure sa mort:
Elle vouloit sa teste, & son cœur magnanime
S'il l'en eust refusée eust pensé faire vn crime:
Pour vanger son honneur il perdit son amour,
Pour vanger sa maistresse il a quitté le iour,
Preferant (quelque espoir qu'eust son ame asseruie)
Son honneur à Chimene, & Chimene à sa vie.
Ainsi donc vous verrez ma mort en ce combat
Loin d'obscurcir ma gloire en rehausser l'esclat,
Et cét honneur suiura mon trespas volontaire,
Que tout autre que moy n'eust peu vous fait faire.

CHI-

TRAGI-COMEDIE.
CHIMENE.

Puiſque pour t'empeſcher de courir au treſpas
Ta vie & ton honneur ſont de foibles appas,
Si iamais ie t'aimay, cher Rodrigue, en reuanche
Deffends toy maintenãt pour m'oſter à Don Sãche.
Combats pour m'affranchir d'vne condition
Qui me liure à l'obiet de mon aduerſion,
Te diray-ie encor plus ? va, ſonge à ta defenſe,
Pour forcer mon deuoir, pour m'inpoſer ſilence,
Et ſi iamais l'amour eſchauffa tes eſprits,
Sors vainqueur d'vn combat dont Chimene eſt le
　prix.
Adieu, ce mot laſché me fait mourir de honte.

D. RODRIGVE ſeul.

Eſt-il quelque ennemy qu'à preſent ie ne dompte ?
Paroiſſez Nauarrois, Mores, & Caſtillans,
Et tout ce que l'Eſpagne a nourry de vaillans,
Vniſſez-vous enſemble, & faites vne armée
Pour combatre vne main de la ſorte animée,
Ioignez tous vos efforts contre vn eſpoir ſi doux,
Pour en venir à bout, c'eſt trop peu que de vous.

N ij

SCENE II.
L'INFANTE.

T'Escouteray-ie encor respect de ma naißace,
　　Qui fais vn crime de mes feux?
　T'escouteray-ie, Amour, dont la douce
　　puissance
Contre ce fier tyran fait rebeller mes veux?
　　Pauure Princeße, auquel des deux
　　Dois tu prester obeißance?
Rodrigue, ta valeur te rend digne de moy,
Mais pour estre vaillant tu n'es pas fils de Roy.

Impitoyable sort, dont la rigueur separe
　　Ma gloire d'auec mes desirs.
Est-il dit que le choix d'vne vertu si rare
Couste à ma paßion de si grands desplaisirs?
　　O Cieux! à combien de soupirs
　　Faut-il que mon cœur se prepare,
S'il ne peut obtenir deßus mon sentiment,
Ny d'esteindre l'amour, ny d'accepter l'amant?

Mais ma honte m'abuse, & ma raison s'estonne
　　Du mespris d'vn si digne choix:
Biẽ qu'aux Monarques seuls ma naißace me dõne
Rodrigue auec honneur ie viuray sous tes loix,

Apres auoir vaincu deux Rois
Pourrois tu manquer de couronne?
Et ce grand nom de Cid que tu viens de gaigner,
Marque t'il pas desia sur qui tu dois regner?

Il est digne de moy, mais il est à Chimene,
Le don que i'en ay fait me nuit,
Entre eux vn pere mort seme si peu de haine
Que le deuoir du sang à regret le poursuit.
Ainsi n'esperons aucun fruit
De son crime, ny de ma peine,
Puisque pour me punir le destin a permis
Que l'amour dure mesme entre deux ennemis.

SCENE III.
L'INFANTE, LEONOR.
L'INFANTE.

OV viens-tu Leonor?

LEONOR.
Vous tesmoigner, Madame,
L'aise que ie ressens du repos de vostre ame.

L'INFANTE.
D'où viendroit ce repos dans vn comble d'ennuy?

LEONOR.
Si l'amour vit d'espoir, & s'il meurt auec luy,
Rodrigue ne peut plus charmer vostre courage.

Vous sçauez le combat où Chimene l'engage,
Puis qu'il faut qu'il y meure, ou qu'il soit son mary,
Vostre esperance est morte, & vostre esprit guery.

L'INFANTE.

O, qu'il s'en faut encor!

LEONOR.

Que pouuez vous pretendre?

L'INFANTE.

Mais plustost que l'espoir me pourrois-tu defendre?
Si Rodrigue combat sous ces conditions,
Pour en rompre l'effet i'ay trop d'inuentions,
L'amour, ce doux autheur de mes cruels supplices,
Aux esprits des amants apprend trop d'artifices.

LEONOR.

Pourrez vous quelque chose apres qu'vn pere mort
N'a peu dans leurs esprits allumer de discord?
Car Chimene aisément monstre par sa conduite
Que la haine auiourd'huy ne fait pas sa poursuite.
Elle obtient vn combat, & pour son combatant,
C'est le premier offert qu'elle accepte à l'instant:
Elle ne choisit point de ces mains genereuses
Que tant d'exploits fameux rendent si glorieuses,
Don Sanche luy suffit, c'est la premiere fois
Que ce ieune Seigneur endosse le harnois.
Elle aime en ce duel son peu d'experience,
Comme il est sans renom, elle est sans défiance,

Vn tel choix , & si prompt vous doit bien voir
Qu'elle cherche vn combat qui force son deuoir,
Et liurant à Rodrigue vne victoire aisée,
Puisse l'authoriser à paroistre appaisée.

L'INFANTE.

Ie le remarque assez , & toutefois mon cœur
A l'enuy de Chimene adore ce vainqueur.
A quoy me resoudray-ie,amante infortunée?

LEONOR.

A vous resouuenir de qui vous estes née,
Le Ciel vous doit vn Roy,vous aimez vn suiet.

L'INFANTE.

Mon inclination a bien changé d'obiet.
Ie n'ayme plus Rodrigue , vn simple Gentilhomme,
Vne ardeur bien plus digne à present me consomme;
Si i'ayme, c'est l'autheur de tant de beaux exploits,
C'est le valeureux Cid, le maistre de deux Rois.
Ie me vaincray pourtãt, nõ de peur d'aucun blasme,
Mais pour ne troubler pas vne si belle flame,
Et quand pour m'obliger on l'auroit couronné ,
Ie ne veux point reprendre vn bien que i'ay donné.
Puisqu'en vn tel combat sa victoire est certaine
Allons encor vn coup le donner à Chimene,
Et toy qui vois les traits dont mon cœur est percé,
Vien me voir acheuer comme i'ay commencé.

N iij

SCENE IV.

CHIMENE, ELVIRE,

CHIMENE.

Luire, que ie souffre, & que ie suis à plaindre
Ie ne sçay qu'esperer, & ie vois tout à crain-
dre,
Aucun vœu ne m'échape où i'ose consentir,
Et mes plus doux souhaits sont pleins d'vn repétir.
A deux riuaux pour moy ie fais prendre les armes,
Le plus heureux succez me coustera des larmes,
Et quoy qu'en ma faueur en ordonne le sort,
Mon pere est sans vangeáce, ou mon amát est mort.

ELVIRE.

D'vn & d'autre costé ie vous voy soulagée,
Ou vous auez Rodrigue, ou vous estes vangée,
Et quoy que le destin puisse ordonner de vous,
Il soustient vostre gloire, & vous donne vn espoux.

CHIMENE.

Quoy ? l'obiet de ma haine, ou bien de ma colere ?
L'assassin de Rodrigue, ou celuy de mon pere !
De tous les deux costez on me donne vn mary
Encor tout teint du sang que i'ay le plus chery.

De tous les deux coſtez mon ame ſe rebelle,
Ie crains plus que la mort la fin de ma querelle ;
Allez vangeance, amour, qui troublez mes eſprits,
Vous n'auez point pour moy de douceurs à ce prix.
Et toy puiſſant moteur du deſtin qui m'outrage,
Termine ce combat ſans aucun aduantage,
Sás faire aucun des deux, ny vaincu, ny vainqueur.

ELVIRE.

Ce ſeroit vous traicter auec trop de rigueur.
Ce combat pour voſtre ame eſt vn nouueau ſupplice,
S'il vous laiſſe obligée à demander iuſtice,
A témoigner touſiours ce haut reſſentiment,
Et pourſuiure touſiours la mort de voſtre amant.
Non, non, il vaut bien mieux que ſa rare vaillance
Luy gaignant vn laurier vous impoſe ſilence,
Que la loy du combat eſtouffe vos ſoupirs,
Et que le Roy vous force à ſuiure vos deſirs.

CHIMENE.

Quand il ſera vainqueur crois-tu que ie me rende ?
Mon deuoir eſt trop fort, & ma perte trop grande,
Et ce n'eſt pas aſſez pour leur faire la loy
Que celle du combat & le vouloir du Roy.
Il peut vaincre Don Sanche auec fort peu de peine,
Mais non pas auec luy la gloire de Chimene,
Et quoy qu'à ſa victoire vn Monarque ait promis,
Mon honneur luy fera mille autres ennemis.

ELVIRE.

Gardez, pour vous punir de cét orgueil eſtrange,
Que le Ciel à la fin ne ſouffre qu'on vous vange.
Quoy, vous voulez encor refuſer le bon-heur
De pouuoir maintenant vous taire auec honneur?
Que pretend ce deuoir? & qu'eſt-ce qu'il eſpere?
La mort de voſtre Amant vous rendra-t'elle vn
    pere?
Eſt-ce trop peu pour vous que d'vn coup de malheur?
Fait-il perte ſur perte, & douleur ſur douleur?
Allez dans le caprice où voſtre humeur s'obſtine,
Vous ne meritez pas l'amant qu'on vous deſtine,
Et le Ciel ennuyé de vous eſtre ſi doux
Vous lairra par ſa mort Don Sanche pour eſpoux.

CHIMENE.

Eluire, c'eſt aſſez des peines qui i'endure,
Ne les redouble point par ce funeſte augure,
Ie veux, ſi ie le puis, les euiter tous deux,
Sinon, en ce combat Rodrigue a tous mes vœux:
Non qu'vne folle ardeur de ſon coſté me panche,
Mais s'il eſtoit vaincu, ie ſerois à Don Sanche,
Cette apprehenſion fait naiſtre mon ſouhait,
Que voy-ie, mal-heureuſe? Eluire, c'en eſt fait.

                              SCE

SCENE V.

D. SANCHE, CHIMENE,
ELVIRE.

D. SANCHE.

MAdame, à vos genoux i'apporte cette
espée.

CHIMENE.

Quoy? du sang de Rodrigue encor toute trempée
Perfide, oses-tu bien te monstrer à mes yeux,
Apres m'auoir osté ce que i'aimois le mieux?
Esclate mon amour, tu n'as plus rien à craindre,
Mon pere est satisfait, cesse de te contraindre,
Vn mesme coup a mis ma gloire en seureté,
Mon ame au desespoir, ma flame en liberté.

D. SANCHE.

D'vn esprit plus rassis.

CHIMENE.

Tu me parles encore?
Execrable assassin d'vn Heros que i'adore?
Va, tu l'as pris en traistre, vn guerrier si vaillant
N'eust iamais succombé sous vn tel assaillant.

O

ELVIRE.

Mais, Madame, escoutez.

CHIMENE.

Que veux-tu que i'escoute?
Apres ce que ie voy puis-ie estre encor en doute?
I'obtiens pour mon mal-heur ce que i'ay demandé,
Et ma iuste poursuite a trop bien succedé.
Pardonne, cher amante, à sa rigueur sanglante,
Songe que ie suis fille aussi bien comme amante,
Si i'ay vangé mon pere aux despens de ton sang,
Du mien pour te vanger i'espuiseray mon flanc,
Mon ame desormais n'a rien qui la retienne,
Elle ira receuoir ce pardon de la tienne.
Et toy qui me prétends acquerir par sa mort,
Ministre desloyal de mon rigoureux sort,
N'espere rien de moy, tu ne m'as point seruie,
En croyant me vanger tu m'as osté la vie.

D. SANCHE.

Estrange impression, qui loing de m'escouter.

CHIMENE.

Veux-tu que de sa mort ie t'escoute vanter?
Que i'entende à loisir auec quelle insolence
Tu peindras son mal-heur, mõ crime, & ta vaillãce,
Qu'à tes yeux ce recit tranche mes tristes iours?
Va, va, ie mourray bien sans ce cruel secours,
Abandonne mon ame au mal qui la possede,
Pour vanger mon amant ie ne veux point qu'on
m'aide.

SCENE VI.

LE ROY, D. DIEGVE, D. ARIAS,
D. SANCHE, D. ALONSE,
CHIMENE, ELVIRE.

CHIMENE.

SIRE, il n'eſt plus beſoin de vous diſſimuler
Ce que tous mes efforts ne vous ont peu celer,
I'aimois, vous l'auez ſçeu, mais pour vanger vn pere

I'ay bien voulu preſcrire vne teſte ſi chere :
Voſtre Maieſté Sire, elle meſme a peu voir
Comme i'ay fait ceder mon amour au deuoir.
Enfin Rodrigue eſt mort, & ſa mort m'a changée
D'implacable ennemie en amant affligée,
I'ay deu cette vangeance à qui m'a miſe au iour,
Et ie dois maintenant ces pleurs à mon amour.
Don Sanche m'a perduë en prenant ma defenſe,
Et du bras qui me perd ie ſuis la recompenſe.
Sire, ſi la pitié peut eſmouuoir vn Roy,
De grace reuoquez vne ſi dure loy;
Pour prix d'vne victoire où ie perds ce que i'ayme,
Ie luy laiſſe mon bien, qu'il me laiſſe à moy meſme:

O ij

Qu'en vn Cloiſtre ſacré ie pleure inceſſamment,
Iuſqu'au dernier ſoupir mon pere, & mon amant.

D. DIEGVE.

Enfin, elle aime, Sire, & ne croit plus vn crime
D'aduoüer par ſa bouche vn amant legitime.

LE ROY.

Chimene, ſors d'erreurs, ton amant n'eſt pas mort,
Et Don Sanche vaincu t'a fait vn faux rapport.

D. SANCHE.

Sire, vn peu trop d'ardeur malgré moy l'a deceuë,
Ie venois du combat luy raconter l'iſſuë.
Ce genereux guerrier dont ſon cœur eſt charmé,
Ne crains rien (m'a t'il dit) quand il m'a deſarmé,
Ie laiſſerois pluſtoſt la victoire incertaine
Que de reſpandre vn ſang hazardé pour Chimene,
Mais puis que mõ deuoir m'appelle aupres du Roy,
Va de noſtre combat l'entretenir pour moy,
Offrir à ſes genoux ta vie & ton eſpée.
Sire, i'y ſuis venu, cet obiet l'a trompee,
Elle m'a creu vainqueur me voyant de retour,
Et ſoudain ſa colere a trahy ſon amour,
Auec tant de tranſport, & tant d'impatience,
Que ie n'ay peu gaigner vn moment d'audience,
Pour moy, bien que vaincu, ie me repute heureux,
Et malgré l'intereſt de mon cœur amoureux,
Perdant infiniment, i'ayme encor ma defaite,
Qui fait le beau ſuccez d'vn amour ſi parfaite,

LE ROY.

Ma fille, il ne faut point rougir d'vn si beau feu,
Ny chercher les moyens d'en faire vn desaueu:
Vne louable honte enfin t'en solicite,
Ta gloire est desgagee, & ton deuoir est quitte,
Ton pere est satisfait, & c'estoit le vanger
Que mettre tant de fois ton Rodrigue en danger.
Tu vois comme le Ciel autremēt en dispose,
Ayāt tant fait pour luy, fay pour toy quelque chose,
Et ne sois point rebelle à mon commandement
Qui te donne vn espoux aimé si cherement.

SCENE VII.

LE ROY, D. DIEGVE, D. ARIAS, D. RODRIGVE, D. ALONSE, D. SANCHE, L'INFANTE, CHI- MENE, LEONOR, ELVIRE.

L'INFANTE.

Eche tes pleurs Chimene, & reçoy sans
tristesse
Ce genereux vainqueur des mains de ta
Princesse.

D. RODRIGVE.

Ne vous offencez point, Sire, si deuant vous
Vn respect amoureux me iette à ses genoux.

Ie ne viens point icy demander ma conqueste;
Ie viens tout de nouueau vous apporter ma teste;
Madame mon amour n'employera point pour moy
Ny la loy du combat, ny le vouloir du Roy.
Si tout ce qui s'est fait est trop peu pour vn pere,
Dites par quels moyens il vous faut satisfaire.
Faut-il combattre encor mille & mille riuaux,
Aux deux bouts de la terre estendre mes trauaux,
Forcer moy seul vn cap, mettre en fuitte vne armée,
Des Heros fabuleux passer la renommée?
Si mon crime par là se peut enfin lauer,
I'ose tout entreprendre, & puis tout acheuer.
Mais si ce fier honneur tousiours inexorable
Ne se peut appaiser sans la mort du coupable,
N'armez plus contre moy le pouuoir des humains,
Ma teste est à vos pieds, vâgez vous par vos mains;
Vos mains seules ont droit de vaincre vn inuincible,
Prenez vne vangeance à tout autre impossible:
Mais du moins que ma mort suffise à me punir,
Ne me bannissez point de vostre souuenir,
Et puis que mon trespas conserue vostre gloire,
Pour vous en reuancher conseruez ma memoire,
Et dites quelques fois en songeant à mon sort,
S'il ne m'auoit aimée il ne seroit pas mort.

CHIMENE.

Releue toy, Rodrigue, Il faut l'aduoüer, Sire,
Mon amour a paru, ie ne m'en puis dédire,

Rodrigue a des vertus que ie ne puis haïr,
Et vous estes mon Roy, ie vous dois obeïr.
Mais à quoy que desia vous m'ayez condamnée,
Sire, quelle apparence a ce triste Hymenée,
Qu'vn mesme iour commence & finisse mon dueil,
Mette en mon lict Rodrigue, & mon pere au cer-
cueil?
C'est trop d'intelligence auec son homicide,
Vers ses Manes sacrez c'est me rendre perfide,
Et soüiller mon honneur d'vn reproche eternel,
D'auoir trempé mes mains dans le sang paternel.

LE ROY.

Le temps assez souuent a rendu legitime
Ce qui sembloit d'abord ne se pouuoir sans crime.
Rodrigue t'a gaignée, & tu dois estre à luy,
Mais quoy que sa valeur t'ait cõquise auiourd'huy;
Il faudroit que ie fusse ennemy de ta gloire
Pour luy donner si tost le prix de sa victoire.
Cét Hymen differé ne rompt point vne loy
Qui sans marquer de temps luy destine ta foy.
Prens vn an si tu veux pour essuyer tes larmes.
Rodrigue cependant il faut prendre les armes.
Apres auoir vaincu les Mores sur nos bords,
Renuersé leurs desseins, repoussé leurs efforts,
Va iusqu'en leur pays leur reporter la guerre,
Commander mon armée, & rauager leur terre.

A ce seul nom de Cid ils trembleront d'effroy,
Ils t'ont nommé Seigneur, & te voudront pour Roy,
Mais parmy tes hauts faits sois luy toûjours fidelle,
Reuiens-en, s'il se peut, encor plus digne d'elle,
Et par tes grands exploits fay toy si bien priser
Qu'il luy soit glorieux alors te t'espouser.

D. RODRIGVE.

Pour posseder Chimene, & pour vostre seruice
Que peut on m'ordôner que mô bras n'accomplisse?
Quoy qu'absent de ses yeux il me faille endurer,
Sire, ce m'est trop d'heur de pouuoir esperer.

LE ROY.

Espere en ton courage espere en ma promesse,
Et possedant desia le cœur de ta maistresse,
Pour vaincre vn poinct d'hôneur qui combat contre
*   toy,*
Laisse faire le temps, ta vaillance, & ton Roy.

Fin du cinquiesme & dernier Acte.

www.ingramcontent.com/pod-product-compliance
Lightning Source LLC
Chambersburg PA
CBHW051740090426
42738CB00010B/2340